自信を持って仕事を回せる！

公務員の「主任」の教科書

秋田将人
［著］
MASATO AKITA

学陽書房

はじめに

「主任といっても、一般職員の業務内容と変わらない」
「給料を上げるため、仕方ないけれど主任試験を受験する」
「主任になると、そのまま係長に昇任させられるので、主任になりたくない」

若手職員から、こうした声が聞こえてきます。

入庁して五年程度経つと、主任試験を受験するかどうかの選択を迫られることになります。そうすると、「責任が重くなるのは嫌だ」と思う一方、「でも、給料を上げるためには主任にならなくては」と多くの職員が考えます。そして、「主任といっても、一般職員と同じことをするだけだから」と自分を納得させて、あまり考えずに受験してしまう職員も少なくありません。

しかし、あえて言いましょう。

一般職員のままでいることと、主任に昇任することの間には、とても大きな違いがあります。そのことを認識しないまま、主任になることは問題です。なぜなら、後で自分を苦しめてしまうこともあるからです。

冒頭の若手職員の声は、主任の役割が十分に認識されていない証拠だとも言えます。確かに、主任と一般職員の業務内容にはほとんど変わりはないので、外見上、同じように見えます。

しかし、**主任は主任試験に合格して、組織から認められた職員**です。新人職員などとは異なり、ただ言われたことをそのまま行うだけでは困ります。組織や上司は、プラスアルファを求めています。それは、本書で述べる段取りやコミュニケーション術などのスキルであったり、メンタルマネジメントや組織との付き合い方といった考え方だったりするのです。

こうした点をきちんと認識せずに、ただ「一般職員と同じことをしていればよい」と考えていれば、仮に主任に昇任したとしても、その役割を果たせずに、組織の中で浮いてしまったり、上司に期待されなくなったりと、後で困ったことになってしまうでしょう。

言い換えれば、こうしたスキル・思考を身につけて、**自らの創意工夫によって、職場を活性化させたり、自分のキャリアプランを描いたりすることができるのが主任**なのです。ぜひそうした主任になっていただきたいと考え、本書をまとめました。

本書の特長は、次の三点です。

1　主任に必要なスキル・思考を具体的に解説

2　主任になるとそのまま係長に昇任するなど、現在の主任を取り巻く状況を反映

3　主任の魅力・やりがいから、ストレス・マネジメントに至るまで幅広く網羅

本書は、以前に『残業ゼロで結果を出す　公務員の仕事のルール』として出版した書籍を加筆・再編集したものです。前著では、主に30歳前後の公務員を対象にしていましたが、今回は主任として必要な内容としてまとめ直しました。

前著では、「もっと若い頃に、本書を読みたかった」「参考になった」などのお声をいただくとともに、ありがたいことにロングセラーとなり、長期にわたり多くの方に読んでいただけました。本書は、主任に特化した内容となったことで、より具体的でわかりやすくなったと考えています。

主任として実際に困っている方はもちろんのこと、昇任前で不安に感じている方、主任になろうかどうか迷っている方々にとって、少しでも参考になれば幸いです。

秋田　将人

STEP 1 主任はここが違う！ やりがい・役割・マインドセット

STEP 2
マルチタスクをスムーズにこなす主任の段取り術

STEP 3

仕事のスピードを高める主任の仕事術

STEP 4

チーム力を高める主任のコミュニケーション術

STEP 5 的確に説明・説得する話し方のテクニック

STEP 6

ツラい気持ちをラクにするメンタル・マネジメント

STEP 7 役所という組織とうまく付き合う方法

STEP 1

主任はここが違う！
やりがい・役割・
マインドセット

1 係の命運は主任が握っている

主任は期待されている

主任は組織における中堅職員として、期待される存在です。その理由は、一般職員とは異なり、組織に「昇任してもよい職員だ」と判断されて、主任になっているからです。

自治体職員になるためには、新規採用試験を受験するのが一般的です。しかし、本当にその人に職員としての適性があるかどうかは、筆記や面接試験では完全に判断できません。だからこそ、条件付採用期間があるわけです。しかし、それも原則六か月ですから、正式採用になったとしても、職員としての最低限の資質があることが確認されただけといえます。

しかし、主任は違います。**主任となる職員は、およそ五年程度の仕事ぶりを見られ、一定の人事評価を得た職員**です。単に、昇任試験の論文や択一の成績がよかっただけでは主任試験には合格できません。主任試験がなかったとしても、「この職員には、大事な業務は任せられない」と考えられるような職員を、主任に引き上げることはしないでしょう。

また、現在では、筆記や面接試験などの係長試験をやめて、**主任の中から人事評価によって係長を選考している自治体**も少なくありません。この背景には、若手職員の昇任意欲の低下などがあると指摘されています。この場合、主任に昇任したということは、「いずれ係長にしてもよい職員だ」と判断された証拠でもあります。その意味からも、主任は期待されているのです。

主任の行動で係は変わる

主任の役割としては、係長の補佐、後輩職員への指導、係長と後輩職員のパイプ役、困難業務への対応、事業の見直し、事務改善などがあります。この内容を見てもおわかりのとおり、主任は係の中で中心的役割を担います。まさに、実質的に係の方向性を決めるのは主任といっても過言ではないのです。

例えば、なかなか声をかけづらい係長がいたり、係長の指示がよくわからなかったりすることがあるとします。そうした時に、主任が係長に対して職員の意見を代弁したり、係長の指示をかみ砕いて職員に説明したりすれば、職員は活き活きと業務に取り組むことができます。

反対に、そのような時に主任が何の行動もしないと、係の雰囲気は悪くなり、係全体のパフォーマンスが下がってしまいます。「それは、主任の問題ではない。係長の問題だ」と思うかもしれません。確かにそうした一面はありますが、主任の行動によって係の雰囲気が良くもなり、悪くもなるのは、やはり事実です。

自由度が高く、影響力もある主任

主任の影響力は、係長への対応だけではありません。事業の見直し、事務改善、新規事業の提案など、係の業務に関するさまざまなことに主任は大きく影響してきます。まさに、主任が係の命運を握っているといってもよいでしょう。

このことを「責任が重くなって大変だ」と捉えてしまう人もいるかもしれません。

しかし、主任の良いところは、**新しいことに挑戦でき、失敗しても許される環境にあること**です。主任は係の中心的役割を担い、また「係長見習い」として、いろいろなことを試すことができます。仮に失敗しても、係の最終責任者であり、抑え役でもある係長がフォローしてくれます。このため、安心して挑戦できるのです。その自由度を活かし、実際の業務に反映できれば、他の職員や住民にもメリットをもたらすことができること。これこそが、まさに主任のやりがい、特権といえるのではないでしょうか。

係長に昇任したら、なかなか冒険はしづらくなります。やはり、「失敗は許されない」という役所ならではの価値観が大きく肩にのしかかってくるからです。

こうしたことからも、主任はやりがいがありますし、ある意味ではとても面白いポストといえるのです。

POINT!

- **主任の行動で係は良くもなり、悪くもなる。**
- **主任は、さまざまな挑戦ができるポスト。**

2 活躍できるフィールドが広がる

PTのメンバーとなって意見を述べる

主任になると、活動の場が自然と広がります。

例えば、主任でないと参加できないプロジェクトチーム（ＰＴ）などがあります。総合計画策定や特定課題への対応策を考える際、庁内の若手職員のアイデアを集めるためにＰＴが編成されることがあり、この時、参加できるのは主任だけという場合があります。

参加資格を主任に限定する理由は、「一般職員では経験が少ないので、不安がある。一方で、係の責任者である係長は、既存の会議体の中で意見を吸収できる。よって、

主任の柔軟な発想を聞きたい」と上層部が考えるからです。主任と限定すれば、年齢が近い職員が集まるので、職員同士が親しいことも想定されます。このため、意見が出やすいと期待されているのです。

そして、さまざまな部署から主任が集められ、意見を出し合って、案をまとめるのです。その後、首長の前でプレゼンテーションを行い、新規事業として翌年度の予算要求につながることもあります。こうなると、**主任の行動が役所全体に影響を与える**ことになります。

係長の代理として会議に出席

また、主任は係長代理として会議に出席することも多くなります。本来は、係を代表する係長達が集まる会議であっても、自分の係長が他の会議に出席する必要があったり、病気などで欠席したりする場合は、係の次席である主任の参加が求められます。

こうした代理出席の場合、主任でありながらも係の責任者として意見を述べなくてはならない時があります。その際には、主仜個人の勝手な思いを述べればよいというわけではなく、まさに係長の代理として意見を述べなくてはなりません。

そのためには、常日頃から係長の意向などを確認しておかなければなりません。**もし自分の意見とは異なる場合には、係長と意見をすり合わせておく**といった、事前の調整も必要になります。それが、係長の代理をするということだからです。

なお、このように係長代理として会議に出席すると、係長の役割もよくわかります。「いずれは、自分も係長として、このように係の意見を伝えなくてはいけないのだな」ということが体感できるからです。このため、そうした機会があれば、積極的に参加するようにしてください。

主任は係の中心的役割を果たす

会議以外でも、係を代表する場面は多くなります。

例えば、財政課に対する予算要求の折衝があります。主任として、単に自分の事業だけでなく、係全体を見渡して折衝しなければいけません。

かつては自分が担当していたけれど、現在は後輩職員が担当している事業について説明しなくてはならないことなどもあります。こうしたことも、ある意味では係長以上に実務を熟知している主任であるからこそ、求められる役割といえるでしょう。

このように、主任は係の中で中心的役割を果たしているのです。

ちなみに、役所内では主任は一般職員と変わらないと思われがちですが、役所の外から見ると、少し違います。例えば、町会長などの役所のことをある程度知っている人達からは「主任なんですね」と言われて、一般職員より丁重に対応してもらえることがあります。また、複数の自治体が参加する会議などでも、参加者名簿に「主任」と表記されるようになります。やはり、**役所の文化として、役職は重要な意味を持つ**からです。

このように、対外的にも主任には影響力があるのです。

POINT!

- 主任も係を代表して意見を述べる場面がある。
- 主任は、対外的にも影響力がある。

3 自分らしいコミュニケーションで関係を築く

係長とうまく連携する

主任の行動や言動は、係の雰囲気や実質的な方向性を決めるといってもよいほど重要です。しかし、だからといって必要以上に緊張する必要はありません。自分なりのコミュニケーション方法を活かしていきましょう。寡黙な人がむりやり多弁になったり、やたら後輩にお節介をしたりしては、かえって支障が出てしまいます。

まずは、係長と円滑にやり取りができることを意識しましょう。係長と主任が反目し合っていては、とても成果を上げることはできませんし、毎日がただつらいだけの日々になってしまいます。

係長とうまく連携するには、目標を達成するために、**部下の立場から上司に能動的に働きかける**ことが重要です。ここでいう目標とは、係目標だけでなく、「このように改善したら、もっとよくなるはずだ」という個人的な目標も含みます。「自分の思いどおりの係にする」といった利己的な内容ではなく、個人的な考え・アイデアといってもよいでしょう。

コミュニケーションの「型」を持つ

例えば、係長への対応であれば、目標を達成するためには、どのように係長にアプローチしたらよいか、自分なりのコミュニケーションの「型」を決めておきます。そのためには、**上司の状況・ニーズを知る**（いつ話しかけたら最も効果的かなど）、**上司の好き嫌いを知る**（改善に積極的かどうかなど）、**迅速な報連相を行う**（「俺は聞いてない」という状況をつくらない）、**上司を立てる場面をつくる**（「さすが係長ですね」と言える場面をわざとつくる）ということを意識しておくとよいでしょう。

自分と馬が合う係長であれば、いちいちこうしたことを意識する必要はなく、自然と上手にコミュニケーションを取ることができるでしょう。

しかし、「この係長は苦手だなあ」「自分とは合わないな」と思う係長に対応しなければいけない場面も、残念ながらあります。そうした時、感情的になる前に、一歩引いて「この係長とどう付き合えば、問題を起こさずに済むか。自分への被害を減らせるか」ということを冷静に考えてみたほうがお得なのです。

首長にならないかぎり、上司はいなくなりません。このため、**「上司とうまくやっていくためにはどうしたらよいか」は永遠のテーマ**なのです。こうした考え方を身につけておくと、今後も活用することができるので、おススメです。

苦手な後輩・同僚・他部署職員にも「型」を意識する

ちなみに、自分らしいコミュニケーションの「型」を持つことは、上司だけでなく、後輩や同僚などに対しても有効です。係内の後輩や同僚、もしくは他部署の職員の中に、苦手な人がいることもあるでしょう。その際、そうした人に対して、どのようにアプローチすればよいのか、やはり自分なりの「型」を早めに決めておいたほうが、被害は少なくて済みます。

なお、後輩職員よりも上の立場にいる主任だからといって、上から目線になって後輩職員に強権的な対応をしてしまう人がいます。しかし、それでは後輩は萎縮してしまい、その後、欠勤・休職といった状況に陥ってしまうこともあるので、特に注意が必要です。

組織人として働く以上、残念ながら人間関係を選ぶことはできません。人として尊敬できなかったり、考え方が違ったりする人とも、うまくつきあっていかなければならないのです。感情的になってトラブルを起こしても、その瞬間はそれで満足かもしれませんが、結果的には人事評価が下がるなど、マイナスしか生まれません。

もちろん、時には思いっきり悪口を言いたい時や愚痴をこぼしたい場面もあるでしょう。感情のバランスを保つ上では、そうしたことも必要なことは間違いありませんし、感情を押し殺すとかえってメンタルに支障を来してしまいます。

そんな時は、人と場所を選んで話を聞いてもらい、発散してください!

POINT!

- 苦手な相手には、どんなコミュニケーションが有効な「型」なのかを考える。
- 感情のバランスを保つために、時には感情を爆発させることも大事。

4
組織全体と自分の今後のキャリアを見渡せる

他の職場の実情が自然とわかるようになる

主任になることのメリットの一つとして、組織全体を見渡せることがあります。主任に昇任する人は、概ね二つ目か三つ目の職場という人が多いでしょう。そうすると、役所に対する見方も多面的になります。最近では、職員の配属先については、一か所目が住民対応する事業系の職場、二か所目が職員対応の内部管理部門、もしくは一か所目が出先機関、二か所目が本庁のように、わざと種類の違う職場に配属することが一般的です。それは、その職員がどのような職場であれば能力を発揮できるかということを人事部門も把握したいからです。

また、主任に昇任すれば、主任研修を受講することが一般的です。主任研修は、公務員としての基本的な知識や社会人のマナーを学ぶ新人研修とは異なり、問題解決のフレームワークや、実際の市政課題など実践的な内容を学びます。そうした研修は一方的な講義だけではなく、他の主任である研修生とのグループワークや意見交換などのやり取りが必ずあるので、他の職場の実情などが自ずと耳に入ってくるようになります。

さらに、すでに述べたとおり、主任はPTに参加したり、係長の代わりに会議に出席したりと、自分の職場以外の職員との関係も増えていきます。このため、自然と視野が広がっていくわけです。

このように**役所のさまざまな部署に関する情報が入ってくるのが主任**です。このような経験をしていくと、「あの部署では、このような課題があるのか」「この職場の業務の実態がわかった」などの発見があります。これによって、役所に対して複眼的思考、つまり、物事を捉える際に、ある一方向からだけで判断するのでなく、別の方向・角度・立場からも見つめてみることで、より正しい自分なりの考えを持つことができるようになるのです。

役所全体を見渡して、自分のキャリアに活かす

このように組織全体を見渡すことができれば、**役所の中で自分がどのような「立ち位置」にいればよいのか、もしくはいるべきなのか**を考えるようになります。

身近なことで言えば、今後の異動先を考えるうえでの参考になります。「かつてあの部署を希望異動先としたけれど、次回からやめよう」「今まで、希望していなかった部署だけど、次回から希望先に入れよう」などと考えるようになります。

また、「係長になる」ということが、より身近に感じられるようにもなるでしょう。係長の代わりにさまざまな会議に出席すれば「もし、この職場で自分が係長だったら、どうするだろうか」と自然とシミュレーションすることになり、イメージトレーニングを繰り返すようになります。こうしたことを意識した経験は、実際に係長になった時に活きてくるためとても大事です。

さらに、人によっては長期的視点で、係長の先の課長や部長を目指すということも考えるようになるでしょう。自治体によっては、管理職試験を受験できる要件が係長歴ではなく、主任の経験年数ということもあります。そのため、「管理職試験を受験す

るのか、しないのか」ということを考えざるを得なくなるのです。

こうした背景があるため、主任は自然と自分の今後のキャリアを考える機会が多くなっていくのです。そして、自分の周りにいる役職者の姿を見て、「あのような課長になりたい」「あんな係長にだけはなりたくない」との思いを強めていきます。

こうしたことは、今後の役所生活を実り多いものとするために、必要なことです。また、この段階では**選択できる自由があり、今後について夢や希望を持てる時期**でもあります。ぜひ、広い視野を持って役所を見渡し、自分のキャリアに活かして、間違いのない選択をするようにしてください。

POINT!

- **複眼的思考で役所全体を見渡す。**
- **「自分が係長だったら、どうするか」を意識して業務を行う。**

5 係長ほど責任は大きくないが、給与は上がる

主任になるのか、ヒラのままでいるのか

主任になることのメリットは、もう一つあります。それは、よく役所内で言われる、**「主任の業務内容は一般職員とあまり変わらないけれど、給与は上がる」**です。これは確かにそのとおりです。

最近、役所では昇任意欲が低下しているといわれます。このため、さまざまな方法で職員に対して昇任選考の受験が勧奨されてきました。しかし、あまり効果はみられず、結果として「昇任すれば給与は上がるが、昇任しない者の給与はほとんど上がらない」という給与体系にする自治体が多くなりました。

その上、主任を**「係長に昇任することが前提の職」**と位置づけ、かつて多く存在していた「主任のままで定年を迎える」ということが難しくなってきました。このため、主任試験を受験して給与を上げ、いずれ係長になるのか。それとも、ずっと給与が低い一般職員のままでいるのかという、究極の二者択一が求められるようになっていったのです。

必要以上にプレッシャーを感じることはない

このような状況を考えると、主任になる道を選んだ職員は、かわいそうなようにも思えます。しかし、決してそんなことはありません。なぜなら、やはり「主任の業務内容は一般職員とあまり変わらないけれど、給与は上がる」という側面があるからです。

また、いくら将来は係長になることが既定路線となっていても、「この主任は、とても係長には昇任させられないな」と判断されれば、主任のままで待機させられるということも実態としてはあり得るでしょう。制度上は一般職員に降任させられることも想定できますが、懲戒処分などを受けて完全に「係長不適格者」と判断がされないかぎり、むりやり降任させることは、人事当局としても選択しにくいでしょう。

このように考えると、主任になったからといって、**必要以上にプレッシャーを感じる必要もない**のです。できることを一つずつ増やしていくくらいのつもりがよいでしょう。そして、「主任の業務内容は一般職員とあまり変わらないけれど、給与は上がる」ことを堪能すればよいのです。

主任はトライ&エラーができる時期

ＳＴＥＰ１の１でも述べたように、主任の役割として、係長の補佐、後輩職員への指導、係長と後輩職員のパイプ役、困難業務への対応、事業の見直し、事務改善などが期待されています。しかし、これを最初から完璧にこなせる主任なんていませんし、何の失敗もしないで係長に昇任してしまっては、かえって部下の気持ちに寄り添うことができません。

また、主任に昇任したからといって、ハードルを高く設定しすぎて、自分で自分を追い詰めてしまったら、メンタルに支障を来してしまうかもしれません。「主任といっても、実質的には一般職員と変わらないから」と割り切って、時には自分を甘やかすことも、長期的には大事な発想です。

係長になると、失敗はしづらくなります。係長は監督者であり、係の責任者でもあるからです。たとえ部下の失敗であっても、係長として責任を取らなくてはならないこともあります。しかし、主任はよほど大きな失敗でないかぎり、主任個人が責任を問われることがありません。その意味でも、主任はトライ＆エラーができる貴重な時期なのです。

ぜひ、主任でいる間にさまざまな経験をして、自分の成長につなげることを意識してください。

POINT!

- **主任になったからといって、自分で自分を追い詰めない。**
- **主任は、まだ失敗が許される貴重な時期。**

Column 1

早く帰る勇気

仕事を段取りよく済ませ、「今日やることは、終わった！」と思ったとしても、なかなか「じゃあ、お先に失礼します」とは言いづらいもの。特に、新人の頃や、周囲が忙しそうであれば尚更です。

もちろん、係全体が忙しいのに、自分の仕事が終わったからといって、それを無視して帰るのは気配りが足りません。周囲のことを考えずに1人だけいつも先に帰っていては、反対に自分が大変になったときに助けてはもらえません。係員は持ちつ持たれつの関係で、互いに助け合うことが重要です。

「何か手伝うことはありますか？」「できることがあったら、言ってください」と周囲に声をかけることが大事です。そのうえで「いや、大丈夫だよ」との声があれば、堂々と帰りましょう。「手伝いましょうか」と言って、周囲の人が仕事をどんどん押しつけてくるなんてことは、普通はありません。反対に、そうした気遣いを頻繁にすることによって、「彼（女）は仕事が早い」「いつもきちんと仕事をしている」と評価が上がることにもつながります。

ただ、それでもなかなか「お先に！」とは言いにくいかもしれません。しかし、周囲に迷惑をかけていないならば、堂々と帰っても何ら問題はありません。

これまでの職場経験を考えても、いったんそのように早く帰るシステムを作ってしまえば、周囲の人も「あれが、彼（女）のスタイルだから」と、結構理解してくれるものです。それに、各人が気にして帰りづらい雰囲気の職場になってしまえば、それこそ問題です。「早く帰る」にも、最初はちょっとした勇気が必要なのかもしれません。

STEP 2

マルチタスクをスムーズにこなす主任の段取り術

1 締切厳守するための逆算段取り術

締切に間に合わない！

来年度の予算要求の締切日前日のこと。ほぼ大枠は固まっていたものの、課の事業を説明する冊子作成の経費だけ、時間がなく課長に説明できていない。係長からも「ちゃんと課長の了解も早めにとっておいて。締切直前は忙しいから」と言われたのに、結局は当日に……。

何とか課長に説明しようと試みたものの、課長が在席しているときに自分は電話中、自分が空いているときは課長が不在。退勤間際、やっと課長をつかまえたら、「今日はこれから、町会の会合なんだよ。明日にしてくれ」と言われてしまった——。

これは、私が主任に昇任したばかりの頃の話です。

このときは、結果的に翌朝、財政課への提出前に何とか間に合ったものの、当時の私は、「効率的に仕事をこなすための工夫」などは考えず、いつも締切直前になって慌てていました。

段取りは、仕事の基本です。しかし、かつての私がそうであったように、段取りが苦手で、締切前に残業して苦しんだり、焦ってミスを頻発したりする職員が実は多いのです。もし、皆さんが仕事を就業時間内に着実にこなし、**「残業せずに成果を上げたい」と思っているならば、まずは自分の段取りから見直してみましょう。**

ゴールから逆算し、実行するプロセス

仕事の段取りで大切なのは、ゴールに向けて自分が何をすればよいのか、逆算することです。つまり、このケースであれば、「冊子の作成経費について、締切前日の五時までに、課長の了解を得る」というゴールに向かって逆算することになります。

課長までの了解を得るためには、事前に係長にも説明しておく必要があります。さらに遡ると、係長や課長に説明するために必要な資料も作成しなければいけません。

また、二人の空いている時間はどこか、仮に異論が出た場合はどうするのか、などいくつかのケースを想定して準備する必要があります。

さらに、どんな職員も通常は複数の案件を抱えています。それぞれの案件を着実に期日までにこなせるように、空いている時間を考えながら作業工程をイメージし、自分の予定を立てていきます。そして、**締切間際に慌てることなく、不測の事態が発生しても対応できるように計画を立て実行すること。**これが段取りです。

プロジェクトの場合は、適宜見直しを図る

一日単位の仕事だけでなく、中長期のプロジェクト単位の仕事でも同じです。

例えば、「条例の改正」の場合を考えてみましょう。国法の改正に伴う条例改正案を作成するよう指示を受けたとします。ゴールは、次の議会への条例案提出です。

必要な業務を洗い出してみましょう。大きくは、①改正事項のリストアップ・精査、②法規担当と相談・調整、③一部改正条例案の起案、そして、④法規担当課による条例案審査を経て、⑤議会に提出、という五つの工程があります。

順を追って業務をリストアップしていくと、大まかな流れが見えてきます。流れを

把握したら、それぞれにかかる時間・労力を逆算してみます。次の議会に間に合うように審査を受けるには、いつまでに法規担当に条例案を渡せばよいか。条例案の起案にはどのくらい時間がかかるか。

そして、逆算した段取りに従って実行していきますが、プロジェクト単位の段取りで重要なのは、途中段階で適宜見直しを図ることです。予定よりも遅れている場合は、残りの期日から再度段取りを練り直します。余裕がある場合は、安心せずに、できるかぎり前倒しで先に進めておきます。締切前に慌てると、精神的にも負担がかかり、正確な仕事は難しくなってしまうからです。

とりあえず目の前のことから着手するのではなく、ゴールから逆算して設定した段取りに従って忠実に実行していく。それだけで、仕事の効率はぐっと増すのです。

POINT!

- 着実に仕事をこなすために、段取りは欠かせない。
- 締切前に慌てずに済むよう、不測の事態にも備える。

2 仕事の段取りは、必ず紙に書き出す

頭の中だけでは不十分

段取りが大切なことはわかっているのに、うまくできないという人もいるでしょう。

例えば、住民説明会の準備を命じられたとします。関係者が全員出席できる日程の設定から、会場の選定・予約、機材の準備、応援人員の確保、作業の分担から当日のマイクテストまで、さまざまなものをリストアップしました。

他に抱えている案件やルーティンワークともうまく同時進行していたつもりが、いざ前日を迎えて、やるべき重要な作業を一つ忘れていたことに気づいてしまった——。

段取りが苦手な人によく見られる光景です。

なぜ忘れてしまうのか。それは、段取りが自分の頭の中だけにしかない状態だからです。今日一日の段取りであれば、リストアップする作業も少なく、漏れや抜けもなく済むかもしれません。しかし、中長期的な仕事の場合、複数の作業を要するため、きちんと段取りを立てたつもりでも、不十分になってしまうことがあるのです。

言語化してやるべきことを明確にする

漏れなく段取りを立てたうえで、着実に実行するために、段取りは必ず言語化して紙に書き出すようにしましょう。

紙に書き出すことで、ぼんやりと頭の中で描いていた段取りが整理されていきます。リストアップされた一つひとつの作業が視覚化され、**手をつけやすいもの、難易度が高いもの、他者との調整を要するもの、まとまった時間が必要なものなどを確認することができます。**

また、仕事には一つひとつ段取りがあります。案件が三つあれば、段取りも三つあります。そのすべてを完璧に記憶できるほど、人間の頭は優れていないのです。ですから、それぞれの仕事について段取りを紙にアウトプットし、必ずそれを確認しながら仕事をする癖をつけると、それぞれの作業の詳細について時間をかけて思い出す必要もなくなります。また、「今どこまで達成できているのか」という「現在地」を確認しながら、随時修正をかけていく際にも、紙に書くとわかりやすく整理できます。

書くものは、何でもかまいません。仕事中、定期的に開く習慣があるのであれば、手帳に書いたり、印刷したプリントを挟んでおいたりします。あるいは、大きめの紙に書き出して、常にデスクに広げて見渡せるようにしてもよいでしょう。また、PCを立ち上げると必ず前面に表示されるような、付箋ソフトに書き込むのも一つの方法です。**目に入りやすい、見やすいところに書く**ことが重要です。

段取りを考え、紙に書く癖をつける。これだけでも、皆さんの仕事の効率は大きく上がるはずです。

POINT!

- **漏れや抜けを防ぐためにも、紙にアウトプットして整理する。**
- **現在地を確認しながら、適宜修正していく。**

3 新規の仕事は、早めに方針を固める

全体像が見えない仕事を放っておかない

主任になると、新しい業務を依頼されることも多くなります。

防災課に在職していた時、「来月四日に、行政視察を受け入れることになったから準備をしてくれ」と課長から指示を受けたことがありました。当日に配付する資料を作成する程度と思い、そのままにしていたら、係長から「市内の施設見学や、地震体験車の準備は済んだのか」と一言。

慌てて先輩に「行政視察って、そんなに準備が必要なんですか？」と聞くと、「相手側も複数の自治体を視察するのだから、スケジュールや準備はきちんとしとかなきゃ、

ダメだよ！」と注意される始末――。

「こんなもんだろう」と勝手な推測で、慌てることになった一例です。新たに依頼された仕事は、すぐに手をつけずに放っておくと、後々苦労することを痛感しました。

新しい仕事は、早めに何が必要かを考える

「ルーティンワーク」と呼ばれる定例的な業務は、何回か経験するうちに、要領もわかり、必要な段取りも体に染みついてくるものです。

しかし、新規の仕事は未知数です。「どれだけの時間がかかるのか」「どの程度のレベルや完成度が求められるのか」「誰に対して調整が必要か」など、不安な要素が数多くあります。

そのため、未経験の仕事を行うときは、段取りをできるだけ早い段階で立てることが必要です。私は、余程忙しい場合を除いて、**なるべく作業の手をいったん止めて、大まかな方針を考えたり、情報収集に努めたりします。**また、忙しいときであっても、少なくとも依頼されたその日のうちに時間をみつけて着手します。

このケースでは、「行政視察の準備」を命じられました。まずは、課長に出席人数、

必要な資料の内容、見学先などについて確認するなど、情報を集めるべきでした。
また、場合によっては、相手先に食事場所や前後の行程、視察先の希望などを確認したうえで、当日のスケジュールを組み立てることも必要です。

そのためには、先輩や係長など、過去に行政視察への対応を経験したことのある人から「行政視察の受け入れ方」を確認しておいたほうが賢明です。このように、その日のうちに全体像を把握したうえで、必要な逆算を行い、段取りを考えていくのです。

また、新規の仕事は、初めて従事するだけに、関係者とのコミュニケーションを密にしておくことが求められます。**課長や係長の考えと、担当者の考えがすれ違ってしまうことのないよう、早期に手をつけ、適宜、進捗状況を報告しておきましょう。**余裕を持って進める準備を整え、新たな課題が発生したときも、焦らなくて済むようにすることが大切です。

POINT!

- **経験したことのない仕事は、不安材料がたくさんある。**
- **払拭するためにも、最低限その日のうちに方針を考える。**

4 時間がないときは、まず「何を省くか」を考える

仕事はいきなりやってくる

必要な段取りの洗い出しはできたけれど、それを全部終わらせることは時間的に不可能、という事態に遭遇することもあります。

例えば午後一番、課長から「来週予定していた、来年度の新規事業について、都市計画課長の意見を聞く件だけど、今日の一五時にすることになった。それまでに資料を用意しておいてくれ」と言われたとしましょう。

自分の係が担当する新規事業については、隣の都市計画課の各係に業務上関係する事柄が多数あるため、課長の意見を聞く前に、今週中に都市計画課の三人の係長に相

談する段取りを予定していました。それが急に今日の一五時と早められてしまい、もう時間がありません。

しかし、いきなり都市計画課長にこの話を持っていったら、現場の各係長から反発が出ることは必至。こんなとき、皆さんはどうするでしょうか？

「何を捨てるか」を考える

このケースでは、予定していた段取り（三人の係長にそれぞれ現場の状況を聞き、新規事業について探りを入れておく）が突発的な打ち合わせのために実行不可能となりました。こうした場合には、**段取りを取捨選択して「何をしなければならないか」「何をしなくてもよいか」を判断し、分類する**ことが重要です。

もちろん、すべてをクリアできればベストです。しかし、現実的にどうしても困難な場合には、最低限すべきことに注力し、その他は省略するしかありません。

このケースの場合、仮に都市計画課の三人の係長全員に話を通しておかなくても何とか収まるのか、それとも庶務担当でベテランのA係長だけには伝えておいたほうがよいのか、といった判断をすることになります。

例えば、A係長に「今日一五時から、うちの課長とそちらの課長が新規事業の件で打ち合わせることになりました。本来ならば事前にA係長に一言説明するべきなのですが、急な打ち合わせになってしまったので、詳しくは後程説明します。申し訳ありませんが、ご了承ください」と一言だけ伝えておくことで、他の係長から反発があったとしても、うまくまとめてくれるかもしれません。

反対の見方で言えば、**その工程を省いた場合、どんな問題が起きてしまうかを考えて、最低限やることをピックアップ**します。「これを後から知ったら、B係長は怒るだろうなあ」と見込めば、それなりの対応が必要です。「C係長は、後でフォローしておけば大丈夫だろう」と考えれば、それでもかまいません。

ただし、判断が間違ったときは窮地に立たされることもあります。自分一人では判断に迷う場合は、上司に事情を説明し、アドバイスを聞いて対応しましょう。

POINT!

- **すべてをこなせないときは、取捨選択して対応する。**
- **他者が関わるときは、フォローを忘れずに。**

5 TODOリストで一日をシミュレーションする

工夫次第で、残業せずに帰れる!

与えられた仕事をきちんとこなし、結果を出したい。一方で、できれば残業せずに仕事を終えて、プライベートの時間も確保したい。誰もが思うことでしょう。

また、毎日は無理でも、どうしても定時に帰りたい日もあるはずです。例えば、今日の夜は、久しぶりの同期会。一年に一回なので、何とか遅刻せずに参加したいのに、明日締め切りの調査への回答文を午前中に作成するつもりが、朝から問い合わせの電話や来客対応に追われ、いつの間にかもう夕方。それに、係長から「来週の会議資料はもうできたのか?」と尋ねられ、さらにプレッシャー。時間がない——。

こんな経験が、一度はあるのではないでしょうか。

しかし、残業しないで帰るのは、実は簡単です。もちろん、繁忙期だったり、緊急の仕事が入ったりして、どうしても無理なときもありますが、**日頃からスケジュール管理の意識を強く持っておけば、突発的な事態にも対処できる余地は増える**のです。

漠然と行っていたスケジュール管理を、自分のパターンを決めて習慣化して、残業なしで仕事の効率をアップさせる方法について考えてみましょう。

やるべきこと（TODO）をリストアップする

段取りの方法として、ゴールから逆算して、必要事項をリストアップしていくことを述べました。例えば、「一五日までに課の事業概要の資料を課長に提出する」のであれば、一二日に素案作成、一三日に係長に了解をもらう。一四日に修正、一五日に課長に提出、といった具合です。

さらに効率的に仕事を進めるには、一日単位の細かい作業メニューとして、今日やるべきこと（TODO）を挙げていきます。TODOは、段取りでリストアップした作業の一つひとつを、さらに細かいタスクに落としこんでいくイメージです。

つまり、前項で、時間がないときに段取りを取捨選択したように、その日にやるべきことも、**「絶対今日中にすること」「時間があったらしておくこと」の二つに分類**できます。それぞれをリストアップして、付箋や手帳に箇条書きにしていきます。そして、順次消化していくことさえできれば、本来残業せずに帰れるはずなのです。

注意すべきは、前者ばかりを気にして、後者をないがしろにして、溜め込んでしまうことです。特に、熟慮が必要なものは、まとまった時間を確保する必要があります。

また、TODOをリストアップしているにもかかわらず、すべてをこなせない場合には、「突然振られる仕事」を処理するための余裕を設けていない可能性があります。予定していた作業が処理できず先送りになると、翌日はさらに作業量が増えてしまうので、注意してください。

朝、出勤前にTODOを考えよう

朝は余裕を持って起きると、頭もすっきりします。また、今日一日のことですから、ある程度の切迫感を持って、考えることができます。

朝食を摂りながら、あるいは通勤時間で、TODOをある程度リストアップできれば、一日の全体の流れをシミュレーションすることができます。

午前中に資料作成、一四時に打ち合わせ、一六時に課長説明……などのように想定することができれば、今日の自分の動きが把握できます。そのうえで、朝出勤したらすぐに作業に取りかかり、順次ＴＯＤＯリストを消化していくのです。一つひとつ終わった作業リストに線を引いて消していくと、ちょっとした達成感や満足感を得ることもできるでしょう。

出勤すると、まずはコーヒーを飲んで一息。メールチェックをしてから、今日何をするかを考えているうちに、午前中が潰れてしまった。結局、エンジンがかかるのはお昼を食べてから……。こうして大事な時間をムダ遣いして、残業するのが一番よくないパターンです。やるべきことを着実に、気持ちよく実行する。この積み重ねが、あなたの実績となるのです。

POINT!

- **TODOを順調に消化していけば、定時には帰れる。**
- **朝の時間をできるだけ有効に活用する。**

6 各種タスクの処理可能な時間を見極める

間に合うはずだったのに……！

仕事の段取りをいくら立てても、それぞれの作業にどれだけの時間がかかるのかを把握しておかなければ、机上の空論となってしまいます。

例えば、午前中に仕上げるつもりだった起案文書が、思いがけず手間取ってしまい、午後までかかってしまったとします。それが一つであればよいのですが、複数のTODOに想定以上の時間がかかってしまうと、結局どんどん先送りになり、結果として残業することになり、疲れやストレスも溜まる一方です。

しかし、残業しないと、今日やるはずだった仕事を翌日することになりますし、先延ばしにした仕事は、いずれどこかで片づけなければなりません。

作業・判断・検討にかかる時間をつかむ

役所の職員になってある程度の年数が経過して、経験を積むと、作業に応じて、だいたい必要な時間の目安がわかってきます。

文書を起案するのに要する時間、打ち合わせに必要な時間、判断するのに必要な時間、細かなことで言えば説明会の会場を設営するのにかかる時間などです。つまり、自分の「処理能力」をきちんと把握することが、段取りを着実にこなすための鍵です。

処理能力を見極めるには、前項で触れたＴＯＤＯリストを活用します。

例えば、**昨日自分でリストアップしたＴＯＤＯのうち、いくつ処理できたのか。今週やるべき仕事のうち、いくつ達成できたのかを定期的に振り返ります。**

実際には、すべて予定どおりできる場合は稀かもしれません。関係団体との電話打ち合わせが予想以上に長引いてしまったり、課長から想定外の別件を指示され、時間を捻出できなかったりする場合もあるでしょう。

あるいは、そもそも時間の見通しが甘く、詰め込みすぎていた場合もあるかもしれません。そのとき、なぜTODOリストを消化できなかったか、その原因を振り返り、今後どうすればよいかを考え、次に活かすのです。

他者が関わる場合は余裕を持って

他の人が関係する仕事の場合は、相手の性格に応じて、**想定外の事態が起きたり、目論見どおりに進まなかったりすることも考慮しておく**必要があります。

つまり、誰かにチェックを受ける場合も、一回ではまず納得しない人もいれば、とても細かな説明を求める人、口頭での説明は省いて、詳細な資料に目を通す時間を求める人もいます。相手の特徴に合わせて、余裕を持って進めておきましょう。

POINT!

- **「このくらいの時間でできるはず」。その目論見は本当に正しいのか。**
- **思いどおりに進捗できないときは、己を知ったうえで効率化の工夫を。**

7 優先順位は「緊急性」「重要性」の二軸で考える

「緊急性」と「重要性」で業務を四つに区分する

限られた時間の中で複数の仕事をこなしていくためには、どの仕事から手をつけ、どう処理していくかを考えるかが大切です。しかし、このことがきちんとできていない人が意外に多いのも事実です。

仕事は、緊急性と重要性で整理され、次の四つに分類されます。

①緊急性が高く、かつ重要性も高いもの
②緊急性が高いが、重要性は低いもの
③緊急性は低いが、重要性が高いもの

④緊急性も重要性も低いもの

そして、自分が抱えている複数の仕事について、それぞれどこに区分されるかを見極めたうえで、優先順位をつけて作業に取りかかります。

その時々の状況によって判断は分かれますが、大まかに考えてみましょう。

資料作成を例にすると、明日の会議でのプレゼンに欠かせない資料は、①に当てはまります。一方、来月の係内の打ち合わせ用の資料で、必須ではないものの、補足としてあったほうがよい程度の資料作成は、④に該当します。

では、来月に控えた議会前、課の施策の実施状況を首長に説明するために必要な資料の場合はどうでしょう。

来月ですから、まだ時間はあります。ただし、首長に対する説明ですから、重要であることは言うまでもありません。よって、③に該当することになります。

注意したいのは、この③のような、今すぐやらなくてもよいものの、後々重要になる仕事です。こうした仕事は、一朝一夕にはできず、また重要性が高いこともあり、試行錯誤を繰り返すことが予想されます。「これはまだ締切りが先だから、後でいいや」と放っておくと、確実に締め切り間際に焦ってしまうことになります。

そのため、できるだけ余裕を持って早いうちから着手し、上司のチェックを受ける時間も見据えて、少しでも前倒しで進めておいたほうがよいでしょう。

「緊急性」の判断軸の一つは「人に頼めるか」

別の例でも考えてみましょう。

ある日、教育委員会に勤務しているあなたは、出勤してすぐに、A小学校から「児童が通学の途中で事故にあった」という報告を受けました。

とりいそぎ課長に伝えたところ、「事故の内容を、教育委員全員に電話で報告してくれ」との指示。しかし、今日は、朝一番でB中学校を訪問して、副校長と打ち合わせを行う予定が入っています。

こんなとき、どう分類し、優先順位をつけて着手すべきでしょうか。

まず、B中学校での副校長との打ち合わせは、以前から決まっていたことであり、キャンセルすることはできません。そのため、①の「緊急性が高く、かつ重要性も高いもの」に該当することになります。

では、電話報告はどうでしょうか。教育委員全員への迅速な報告が求められる一方、その報告は必ずしもあなたがしなければならないわけではありません。

大切なのは、事故の事実を正確に伝えることです。他の職員が電話してもかまわないのであれば、事情を話して頼んでもよいのです。そう考えると、この場合は、②の「緊急性が高いが、重要性は低いもの」に該当します。

つまり、優先順位を決める際に、その仕事が四つのいずれに該当するかを判断するときの**緊急性を判断する基準の一つは「自分でなければできない仕事かどうか」**といえます。

優先順位をつけ、ときには周囲の助けも借りながらミッションをクリアしていくこともまた、仕事の効率を上げるためには欠かせないのです。

POINT!

- **それぞれの仕事に優先順位をつけながら、どう処理するかを考える。**
- **一人で対応できないときは人の手を借りる。**

会議の難しさ

出席者の利害関係から、事前調整も根回しもできず、その場で「ガチンコ」で議論する会議もあります。これればかりは、会議が始まらなければ、どういう議論・結論になるのかは全くわかりません。

例えば、その会議の出席者の１人として、何とか自分の主張を通そうとするならば、理論武装をして、できるかぎり事前に協力者を集めて、会議を優位な方向へ持っていこうとすることができます。しかし、難しいのは、事務局となった場合です。

とにかく、出席者全員が納得するまでとことん議論してもらい、それで結論が出ればよい、という趣旨の会議ならば気は楽です。しかし、一部の人に何かしらの禍根を残すような会議の締め方となると、今後の運営のこともあり、事務局だからといって傍観しているだけでは済みません。

劣勢になった側の肩を持ったり、会議の流れとしては大方の方向性は決まっているのに「最後は事務局に一任してください」というように、わざと事務局が自ら議論を引き取ることもあったりします。

こうした会議は時間もかかるため、事務局側も腹を据えて対応するしかありません。結構疲れるものですが、こうしたときに普段は見られない人の一面などが見られて、思わぬ発見もあったりするものです。

反対に、よかれと思って多くの人に根回しをしたら、会議が始まった瞬間、「今日の会議の結論は、〇〇だろ」と言われてしまうこともありました。出席者も「そうだ、そうだ」となり、始まって５分で終了。「会議の必要はなかったんじゃないの」と言われるはめに……。

STEP 3

仕事の
スピードを高める
主任の仕事術

1 指示待ちではなく、積極的に先手を打つ

指示待ち職員からの脱却

上司から信頼される主任とは、どのような人でしょうか。

仕事が速い、正確で丁寧、責任感がある。いろいろな要素がありますが、その一つは、「先手を打つことができる主任」です。

指示を待つのではなく、先を読んで動けるようになるためには、仕事の全体像を把握する必要があります。なぜなら、個人に分担された仕事の背景には、必ず組織の目標や目的があるからです。

自分に与えられた仕事は、何のために必要なのか。組織全体から見て、どのような

位置づけになるのかを考えれば、何をすべきかは自ずと見えてくるはずです。

主体的に考え、提案しよう

例えば、ごみの収集方法の変更に関する説明会に向けて、資料準備を指示されたとしましょう。すぐに思いつくのは、当日の配付資料です。しかし、課全体から見れば、目標は「住民説明会を成功させ、住民に新しいごみ収集方法を理解してもらう」ことにあります。そう考えると、より住民にわかりやすいように、配付する資料以外にも説明に向けた必要な資料の準備が想定できます。例えば、次のような具合です。

①プレゼン資料を別に作成し、プロジェクターを使って映す
②分別ごみの例示を持参して見せる
③町会ごとに説明内容が異なることがないよう、資料や方法を統一する

このように、指示された内容の背景や目的などの全体像を捉えれば、どのような準備をすべきかが見えてきます。そのうえで、個人プレーに走るのではなく、上司に提案し、了承を得て実行する主任こそが、評価・信頼される主任です。

「こんな方法も考えられますが、いかがでしょうか？」と積極的に提案すれば、仮にすべての案は採用されなかったとしても、その姿勢はムダにはなりません。

そして、先を見通して仕事ができるようになれば、自分なりの工夫を考えるようになり、「やらされている仕事」から「自分で組み立てる仕事」へと仕事の質は変わっていくはずです。すると、仕事により主体的に取り組むことができ、楽しさや喜びを見出せるようになってきます。こうした経験を積み重ねて、実力は身につくのです。

全体像を把握するコツとして、役所では**「自分より二つ上の視点から考える」**という言葉がよく使われます。**主任ならば課長、係長ならば部長の視点で考えてみる**のです（一つでは近すぎるため、二つ上がちょうどいいようです）。

つまり、「課長は、この仕事についてどのレベルのものをほしがっているんだろう」「部長は、どちらを優先すべきと考えるだろうか」と考えてみるのです。近視眼的に捉えるのではなく、できるだけ視野を広げることを常に意識してください。


POINT!

- 与えられた仕事の背景や目的を、より深く考えてみる。
- 先が読めれば、仕事はもっと楽しくなってくる。

2 すべての仕事に100%の力をかけない

こんな資料は必要ない!

前項では、全体像を把握することにより、仕事に先手を打てることを説明しました。同様に、全体像を把握することができると、その作業に対し、どれだけ力を入れればよいかを事前に知ることもできます。

私は若い頃、ムダな資料を作りすぎることがよくありました。

「来年予定している新規事業について、上に説明するから資料を準備してくれ」と言われると、残業してでも自分が完璧と思えるまで資料を作り込みました。

しかし翌日、課長に見せると「おい、部長や首長には、こんな細かいことまで必要ないぞ」と言われてしまう。つまり、仕事の全体像を把握しておらず、どのレベルの資料が必要か、どれだけ労力を割けばよいか、わからなかったゆえの失敗でした。

背景や目的から、求められている作業の量・質を推測する

では、具体的にどうすればよいかを考えてみましょう。

課長から、「来週、自主防災組織のAグループから防災講話をしてくれとの依頼があったので、資料をまとめておいてくれ」と依頼されたとします。この場合も、まずは背景や目的など、全体像の把握に努めます。

①Aグループは最近結成された団体である
②マンションの管理組合が母体となっている
③まだメンバーも活動内容に苦慮している

こうした課長への依頼内容の背景を考えれば、「なるべく集合住宅向けの内容に限定して、専門的な話は避けたほうがよい」など、どの程度のレベルの資料が必要かといった具体的な作業量を自然と推測でき、ムダな作業をなくすことができるでしょう。

反対に、こうした点に思いが至らないと、対象やテーマがずれた資料を作ってしま

い、課長から「Aグループは若い人が中心だから、もう少し内容を変更してくれ」と変更を要求され、結局、当初作成した資料はすべてムダな作業になってしまうのです。

全体像を捉えることは、年間のスケジュールを考える際にも役立ちます。つまり、「どこで力を入れるべきか」または「どこに余裕があるのか」を考えて予定を立てるのです。例えば、年度をまたいだ三・四月は忙しいものの、六・七月は比較的時間に余裕があるから、来るべき予算要求の準備はこの時期にできるだけ準備しておこう、などスケジュールの調整を図ることもできます。

仕事を効率的に進めることは、自分をラクにすることです。

「あの人は、なぜ残業もせずに成果を上げられるのだろう」と思われる職員の多くは、見えないところでムダを省く努力をしているのです。

POINT!

- **できるだけ労力はかけずに成果を上げるのがベスト。**
- **どのくらいの量・質が求められるのか、先読みする。**

3 関係者に配慮した「根回し」を行う

根回し上手な係長

公務員の仕事は、いろいろな場面で調整力が求められます。その中でも、庁内はもちろん、外部のさまざまな組織・人が関わる案件について、少しでも効率的に遂行するために欠かせないのが「根回し」。主任としては、ぜひ習得しておきたい技術です。

若い頃に仕えた係長の中に、さりげない根回しがとても上手な方がいました。

ある会議において、どうしても関係各課が合意して、一定の結論を出さなければならない懸案事項がありました。会議の事務局を担っていた係長は、「これはさあ、○○課長と△△課長がネックだよな～」なんて独り言をボソボソ。少し考えたかと思うと、

「ちょっと行ってくるわ」と言い残して、さっと職場を飛び出していきます。しばらくして戻ってくると、「両方の課長にＯＫしてもらったよ」と一言。そして、会議当日は問題なく終わってしまったのです。

根回し＝事前のコミュニケーション

根回しとは、物事を行う際に事前に関係者からの了承を得られるよう、働きかけることを意味します。具体的には、相手に何か行動を起こしてもらったり、考えに理解を示してもらったりすることを目的とした、下打ち合わせや事前交渉ともいえるでしょう。

例えば、会議の場合には、事務局を担当する職員として、事前に参加者に対して会議の意図や方向性をある程度伝えておき、会議当日にはすべての参加者が「異議なし」でまとまるように調整することも根回しの一つです。

もし、関係者の間に対立の構図があり、どちらか一方の意見で合意しなければならない場合には、**事前に何が争点なのか、妥協案の可能性はあるかを把握**しておきます。

また、ときには会議で誰がどのようなタイミングで発言するのか、落とし所をどうするのか、といったシナリオを描き、相手を見極めて役割を演じてもらうよう根回しすることも求められます。

とりわけ、**一方に大きなデメリットがあるような場合は、根回しが欠かせません。**もし、自分に何らかの負担が生じるにもかかわらず、何の説明もなく突然知らされたとなれば、頑なに反対されて会議が決裂してしまうことも予想されるからです。

そこで、できるだけ率直に説明し、今後どのようなリカバリーやフォローができるかなどを話しておけば、相手側の会議に臨む態度も異なってくるのです。

相手が一人のときに、一対一で

根回しを行うポイントとして重要なのは、**できるだけ相手が一人のときに行う**ことです。なぜなら、根回しの目的の一つは、**多くの参加者が集まる会議の場では言いにくい、本音や疑問を相手から聞き出すこと**だからです。

参加者の中には「こんなこと言ったら、他の人から笑われるんじゃないか」などと考え、本音を言わない人もいるでしょう（会議終了後に結論をひっくり返してしまう、迷惑な人もいます）。たとえ「会議で、いずれ意見がまとまるだろう」と事務局側が考えていたとしても、実際には難しいもの。そこで、一対一でこちらの意図を説明し、相手の本音や思惑を十分把握したうえで、調整できるものは事前に済ませておくのです。

相手にしてほしいことをわかりやすく伝える

また、根回しする際には、相手に求めていることをわかりやすく伝える必要があります。

例えば**「いついつまでにこれを仕上げてほしい」「会議の中で○○について△△の方向で発言してほしい」といったことを、具体的に依頼**します。

会議以外の例でも考えてみましょう。

例えばイベントの準備のため、隣の課や係から人員を借りる場合であれば、イベントの趣旨説明はひとまず後にして、まずは「今度のイベントに応援要員を五人ほどお願いしたいのです。後は細かなお話が少々あるのですが」と結論から示せば、相手もスムーズに理解できます。そのうえで詳細を詰め、何か問題や条件があるならば、いったん持ち帰り調整を図ればよいのです。

相手に合わせて伝え方を変える

さらに、相手に合わせて工夫して伝えることも重要です。

根回しをする対象、つまり相手側の考え方や性格はさまざまです。

物事をなるべく早く把握しておきたい人もいれば、直前でなければ「まだ先のことだし」と聞く耳を持たない人もいます。

さらに、一度聞いて理解する人もいれば、忘れっぽく何度か同じ説明をしないとダメな人、細かいことにこだわる人、大雑把な人もいるでしょう。

日頃から相手の性格や特徴をつかみ、相手に応じて説明方法やタイミングを工夫することが、根回しを成功させる必要条件なのです。

POINT!

- **意思決定のスピードアップのために、根回しは欠かせない。**
- **庁舎の内外にかかわらず、関係者に配慮する調整力を身につける。**

4 「善例」は積極的に踏襲する

良いことは前例踏襲してかまわない

「効率が悪いなぁ」と思ってしまう職員の特徴は、ムダが多いことです。いつも集中して机に向かっているように見えるのですが、一つひとつの作業にとても時間をかけているのです。

反対に、「仕事ができる」と思う職員、「信頼して任せられる」と思う職員に共通して感じるのは、「ムダが少ない」「うまく資源を使っている」ということです。

役所には幅広い分野の仕事があり、異動して新しい職務に従事すると、覚えなければならないことがたくさんあります。一方、例えば旅費の請求、出勤簿の整理、文書起案など、どこの部署でも行う共通する事務もあります。

どんな仕事でも、長い歴史がある役所には、業務効率化のための工夫が蓄積されています。その工夫の蓄積こそ、資源です。**すべてをゼロから考えるのではなく、資源をうまく活用する**ことで、仕事の効率は一段と高まります。

まずは、前例踏襲です。役所では、もちろん新規事業の初代担当者になるケースもありますが、ほとんどの場合は前任者がいます。わからないことは、前任者に聞いたり、過去の資料を探して参考にしたりすれば、ゼロから考える必要はなくなります。前例踏襲は、必ずしも悪ではなく、「善例」はどんどん真似してかまわないのです。

ベテランに相談せよ

同じように、わからないことは素直に聞く。それもベテランや専門家を探して聞き出しましょう。税の問題であれば、その担当部署の職員に聞くことは当然ですが、役所には、部署（特定の行政分野）に関係のない専門家というのも結構います。

例えば、英語などの語学が得意な職員、庁内システムの操作を熟知している職員など、特定の専門知識を持った職員というのが実はいるものです。そうした人材もまた、役所が持つ重要な資源として、活用しましょう。

フォーマットを探せ

さらに、フォーマットを探してみましょう。すでに述べたとおり、役所で発生する課題は、余程専門的なものでないかぎり、誰かが必ず通過してきたことです。

例えば、会議録や起案文書の雛型、細かなものでいえば、名刺やFAX送付状のフォーマット、職員の夏休みの予定表や職員回覧の雛型などもあります。困ったら、周囲の人に「○○のフォーマットって、どこかにないかなあ」と一言声をかけてみるとよいでしょう。

POINT!

- すべての仕事をゼロから始めるのは時間のムダ。
- 使える資源はどんどん活用する。

5 機が熟したタイミングを見逃さずに手を打つ

説明しても意味がない!?

ＳＴＥＰ３ではここまで、「効率化」という観点から、主任としててきぱきと仕事をこなしていくためのヒントを伝えてきました。しかし、これらを意識しすぎて、周囲の状況に配慮できていないと、結果的にムダな労力を費やしてしまうことがあります。

ある職員の話を例に考えてみましょう。

二週間後に控えた課の会議。そこで来年度の自分の係の新規事業について説明し、課内の各係長から了承を得ることになっていました。しかし、庶務担当の係長は、非常に保守的で新しい仕事は避けたがるのが常です。なるべく早く話しておこうと思い、事前に説明に行ったところ、「まだ、二週間も先の会議の案件だろ」と愚痴をこぼしながら、「ああ、うん」と曖昧な返事。

そして迎えた会議当日。同じ説明を始めたところ、途中で話を遮り、「それじゃあ、うちの係にも影響があるじゃないか。何で事前にきちんと説明しないんだ！」と言われました。前もって、ちゃんと同じ説明をしたはずなのに——。

機が熟したのを見計らって手を打つ

事前にきっちり根回しして、係長に説明に行ったにもかかわらず、全くその効果がなかったのは、なぜでしょうか。

もちろん、係長の個人的な性格が原因かもしれません。しかし、このケースでは、話すタイミングが悪かったともいえます。つまり、**係長にきちんと問題意識を持ってもらうには、もう少し会議が近くなってから伝えたほうが効果的**だったのです。

担当者としては、一刻も早く事情を説明し、了承を得ておきたかったのが本音かもしれません。しかし、係長に聞く姿勢ができていなければ、せっかくの説明も全くのムダであり、意味をなさないものになってしまいます。「機が熟す」のを見極める必要があったのです。

喫緊の問題として捉えられるタイミングで伝えていれば、「今度の会議で、この案件があることは知ってた。うちの係にも予算や人員の関係で影響があると思ってたんだ。その辺りはどう考えているんだ？」などと話してくれていたかもしれません。最初に説明に行った段階で反応が悪ければ、出直したほうが賢明だったといえます。

このように「機が熟す」のを確認して、着手することが効果的ですが、**逆に熟し過ぎても機を逸してしまうこともあります。**

せっかく係長が問題意識を持って、疑問を投げかけてきたのに、それに答えなかったり、放置したままでいたりすれば、それは不満につながってしまいます。そうなると、せっかくの会議が決裂ということも想定できます。

「機」は熟し過ぎても、そのタイミングを逸してしまうのです。

POINT!

- **相手に聞く準備がなければ、根回しもムダに。**
- **独りよがりにならないように、相手のことも考える。**

6 簡単な仕事は即断即決で処理する

処理時間が短いものは即断即決で

ＳＴＥＰ２の７では、仕事の優先順位は「緊急性」と「重要性」で分類すると述べました。しかし、つい緊急性も重要性も低いような、小さな作業を「とりあえず後でやろう」と思っているうちに、どんどん溜めてしまうことがよくあります。

仕事は、重要性、緊急性の他に、「処理時間」というもう一つの判断軸があります。

つまり、その仕事が**簡単に処理できるものであれば、できるだけ先送りはせず、どんどん即断即決で処理していく**べきなのです。

例えば、支出書類の作成や、定型的な文書起案などは、あまり深く考える必要はない、ある意味手を動かす時間だけが必要な仕事です。こうした仕事は、すぐに処理をしてしまい、溜め込まないほうが精神的にもラクになれます。

即断即決のメリット

かつて福祉事務所のケースワーカーとして一緒に働いていた先輩に、とても尊敬できる方がいました。なかなか困難なケースが多かったにもかかわらず、残業もせずに非常に要領よく仕事をさばいていくのです。ケースワーカーの主な仕事に、保護者世帯の訪問記録を定期的に書く作業があります。この先輩は自分の担当地域を、一度にまとめて訪問していました。そして、記録もまとめて書いてしまうのです。

「人に会うときはまとめて会う。そして、会った後に時間があるならすぐに記録して、溜め込まない。そうすれば、漏れや抜けがなくなるし、往復の移動時間も短縮できるからね。大多数の高齢者などは、特に大きな変化はそうそうないからね」とのこと。

激務といわれ、つい簡単に処理できるような仕事を溜め込みがちな仕事ながら、効率化しようとする姿勢に、驚いたことを覚えています。

自分の処理すべき仕事を即断即決でこなしていくと、基本的に、**その結果は他の担**

当者にまわり、好影響を与えます。例えば、助成金の交付申請書類の処理であれば、作成した書類は、会計担当者にまわり、団体等への支払いも早くなります。

仮に、ぎりぎりに作業して、交付も遅くなると、もし振込先に間違いがあった場合、さらに支払いも遅れることになり、団体等からクレームがくることも考えられます。

しかし、早めに作業をしておけば、途中で間違いがみつかって修正しても、当初の支出締切日までに間に合うということもあるでしょう。

一つひとつの仕事を素早く的確に処理していくことは、全体から見ても好影響をもたらすのです。

POINT!

- **手を動かす仕事、熟慮する仕事を分けて、時間のムダをなくす。**
- **小さな仕事は即断即決でこなし、空いた時間で重要性の高い仕事をする。**

Column 3

役所の中の困った人々

どんなに「チーム力アップ」「組織全体で成果を上げる」と言っても、役所の中には困った職員がいるというのも、これまた事実です。こうした困った人たちと職場が一緒になると、本当に大変です。

ケース1、とにかく権威的、または虎の威を借るタイプの職員。自分では全く責任を取るつもりはないくせに、「市長が言ったから」「部長の指示だから」と上の権威を借りて、部下の上に立とうとします。そんなことをすればするほど、部下の心は離れていくのに……。

困ったことに、「じゃあ、こんな方法でよいでしょうか」と聞いても「どうかなあ、ちょっと違うんじゃないかな」とあれこれ難癖をつけるのに、自分の意見を述べることはしないのです。

ケース2、簡単なことをわざと複雑にするタイプ。1つの部署に長く在籍している場合に見られます。他の部署の職員が聞きにくると、単純な質問にも、もったいぶって話して、いかにも大変な仕事であるように見せかけるのです。これは、いかに自分が大変なことをしているかを、言外に示しているのです。

話していると「○○さんって、大変なんですね」と言われたがっている雰囲気をひしひと感じるのですが、後輩としては非常に面倒なタイプなので困ります。まあ、うまく持ち上げておけば、実害はないとの判断もありますが。

他にも、ケース3、4……とあるのですが、残念ながら、紙面の都合で割愛せざるを得ません。こんな職員に出会ってしまったら、自分を腐らせないようにしましょう。

STEP 4

チーム力を高める主任のコミュニケーション術

1 組織目標を常に意識する

行政組織には目標がある

行政組織における目標は、自治体としての目標、部の目標、課の目標、係の目標、そして個人の目標と、細かく分かれています。本来は、その組織目標の達成度合いにより、成果が決定するのが人事評価です。

しかし、**公務員は、仕事の成果と給与などの評価が、民間企業のように密接に結びついているわけではないため、なかなか目標を意識することが少ない**のが実状です。

特に若いうちは、個人の目標ばかりを意識し、組織としての目標を見失うあまり、ときに大きなミスを犯してしまうこともあります。

目標の意味をわかっていますか？

例えば、文部科学省の「初等中等教育段階における生成ＡＩの利用に関する暫定的なガイドライン」に基づき、市として「学校生成ＡＩ活用計画」を策定したとします。この目的は、市内のすべての小中学校に生成ＡＩクラウドサービスを導入し、生成ＡＩを活用した対話型の学習などを通じて、それぞれの子どもたちにとって最適な学びや探究的な学びができるようにするものです。そして、一〇月一日から市内の全校で稼働することが目標であることも、計画で定められました。

この計画に従い、教員や市教育委員会などによる作業部会が開かれ、導入するソフトや活用方法などを決定しました。課長からは、全教職員を対象にした研修の実施について各学校と調整するように命じられたとしましょう。

準備を進める最中、ある小学校の校長から一本の電話がありました。「来週九月二五日に予定している教職員への研修を、運動会の練習があるため、来月一〇日に延期してほしい」とのことです。

このとき、目標をきちんと理解しておらず、「いいですよ」と気軽に承諾してしまったら、どうでしょうか。

すでに述べたとおり、一〇月一日から市内の全校で実施という目標は、計画で定められています。組織目標に対する認識が甘いために、担当者レベルでは、いつしか「教職員研修の実施さえすればよい」という意識になってしまうのです。

また、毎年、同じ事業を実施している場合でも、見直しや改善の視点を忘れて、ただルーティンワークとして漫然と行ってしまうことがよくあります。本来は事業目的や意味があるのに、単なる作業としての意味しかなさなくなり、「これさえやっておけばいい」という、悪しき前例踏襲の意識に成り果ててしまうのです。

広い視野を持ち、全体像を捉えて仕事をするための基本は、組織目標を強く意識することです。**組織の基本方針、重点目標、当該年度に取り組むべき課題などは、定期的に確認**し、自分の仕事を振り返ってみてください。


POINT!

- **組織目標の認識不足がミスを招く。**
- **与えられた仕事の意義を常に意識する。**

2 後輩職員と係長の「パイプ役」になる

職員の動きがバラバラでは非効率

組織の目標が明確であっても、具体的に「どのようなスケジュールで、どのような方法で行うのか」などの具体的内容が、明確に決まっていないことがあります。こうした点が曖昧だと、係内の複数の職員が同じ作業をしていた、作業手順がバラバラで他の職員が作業に着手できない「空白の時間」が生じてしまったなどの非効率が生まれてしまいます。

効率的・効果的に組織が活動するためには、組織の構成員である職員全員がスケジュール・作業手順などの具体的内容をきちんと共有しておく必要があります。しかし、残念ながら、こうした点が疎かになってムダが発生してしまうことが少なくありません。

後輩の理解度を確認し、係長の指示内容を解説する

例えば、係長の指示がすべての職員に行き届いていない場合です。係会で、作業内容について係長から指示があったものの、後輩職員は今一つわかっていない様子。そんな時は、まさに主任の出番です。

係長の指示を後輩が理解できない理由は、係長としては「職員であれば当然知っているはずだ」と考えている根拠法令や庁内ルールにあるかもしれません。また、係長の説明が不十分だったために理解できないのかもしれません。

そうした時には、「今の係長の指示した内容はわかった？」と**後輩の理解度を確認しつつ、不明点についてはわかりやすく解説する**などの対応が必要です。係会の中で、若手が直に係長に質問するというのは、やはりハードルが高いでしょう。このため、主任の気遣いが重要なのです。

後輩の意向を係長に伝えて組織をまとめる

反対に、後輩の意向を係長に伝えることも主任の大事な役割です。「業務で相談したいことがあるけれど係長は忙しそうで話しかけづらい」「長期の休暇を取得したいと思っているけど係長に言い出せない」などのケースがあるでしょう。

場合によっては、係長の指示に異論があって、くすぶっている後輩の気持ちを係長に伝えることによって、**係の中にあったわだかまりを解消する**ということも必要かもしれません。そのような時は「自分から係長にそれとなく伝えようか」と一言断ってから伝えるのも一つの方法でしょう。

よく言われるように、主任は、係長と後輩職員をつなぐパイプ役です。組織が良い方向にまとまるように、係長と後輩の両者への目配りをお忘れなく。

POINT!

- **係長の指示を後輩が確実に理解しているのかを確認する。**
- **後輩が「係長には伝えづらい」と思っていることを察知する。**

3 仕事を抱え込まず、上司に状況を伝える

特定の職員に業務が集中するとき

主任昇任後に異動となり、少しずつ新しい職場の雰囲気にも慣れてきた頃の話です。なぜか自分だけ係長からどんどん仕事を命じられて、いつも残業続き。どうも同じ係の主査などには頼みづらいのか、何かあると、すぐに用事を言いつけられます。もちろん、その職場では新入りの私が細かな雑用を率先して引き受けるのは仕方ないにしても、あまりにも集中していました。

このときの私に限らず、特定の人に仕事が集中することはよくあります。ベテラン職員、自分の苦手な職員を避けたい上司が、ついつい同じ職員に仕事を命じる場合な

どです。

仕事を命じられた職員が、意気に感じて頑張ることもありますが、不公平感やストレスを感じることもあるでしょう。今思えば、若手だった私の場合は、主任昇任直後であったために、係長から期待されていた側面もあるかもしれません。

しかし、一人の負担が大きすぎる場合には、組織のチーム力アップの観点からもマイナスになるため、何らかの対策を講じる必要があるでしょう。

上司に直接報告し、状況をアピールする

まずは、係長に直接伝えることです。

実は、係長からすると、あまり意識せずに依頼している可能性もあります。冗談を言うように「係長、私ばかりに仕事を振って。人事か組合に相談しますよ」と明るく伝えるのも一つの手です。案外、「ごめん、ごめん」と簡単に見直してくれることもあるでしょう。

また、**一言伝えることで、自分の仕事量を報告することにもつながります。**

「係長、今、老人クラブの決算書の作成中なんですよ。明日には、課長に説明しなけ

ればならないんで、手が離せないんですよ」と説明しておけば、自分が抱えている仕事のアピールにもなります。

係長に直接話しても通じない場合は、周囲の職員に相談してみましょう。「一〇日締切の住民説明会用の資料に取りかかっているんですが、何かと係長から用を頼まれて困るんですよ」と、周囲にこぼしておくと、係長が仕事を振ろうとしたときに、「係長、彼は今忙しいんだから、私がやりますよ」と助け舟を出してくれることもあるでしょう。また、そうした他の職員からの一言で、係長自身が気づいてくれることもあります。

どうしても理解してもらえないときには、さらに上の上司（今回のケースで言えば課長）に相談してみましょう。きちんと話をすれば、課長も理解し、係長に一言伝えてくれるはずです。自分一人で抱え込んで、つぶれてしまうことだけは避けてください。

POINT!

- 一人に業務が集中するのは、チームにとってもマイナス。
- 自分の状況を、うまく上司にアピールしよう。

4 できる主任は巻き込み上手

一人で仕事を抱え込まない

役所の仕事は組織として行うものです。しかし、ときに仕事で生じたトラブルなどに一人で思い悩んでしまう人がいます。

「市道拡幅の件で町会長に説明しに行ったものの、一方的に怒鳴られて聞く耳を持ってもらえない。自分で何とかしなければ……。でも、もうあの人には会いたくない」などと追い込まれて塞ぎ込み、ひどい場合には休職してしまうケースもあります。

私自身のことを振り返っても、仕事をしていてつらかったのは、自分一人で仕事を抱え込んでしまい、精神的にも追い込まれてしまったときです。

しかし、一人で悩んで、答えがなかなか出ないときに、周囲に協力を求めることは、決して恥ずかしいことではありません。

餅は餅屋、困った時はお互いさま

効率を上げ、かつ心が落ち着いて安定した状態で仕事に取り組めることが重要です。そのためには、積極的に周囲を巻き込んで仕事をしたほうがお得です（もちろん、自分は何もせず、周囲に仕事をさせようというのはダメですが）。私自身、これまで多くの助けを借りて仕事をしてきました。

保育園の保護者説明会で、来年度からの保育体制の変更について説明したときのことです。担当についたばかりの私は、どんな質問が来るかわからず、きちんと答える自信がなかったため、課内の栄養士に同席をお願いしました。

すると、あちこちから出た給食に関する細かな質問に、彼女は的確に答えてくれたのです。もし、事務職で経験不足の自分だけだったら、答えに窮してしまい、説明会は紛糾していたかもしれません。よい意味で、彼女を仕事に巻き込んだのです。

周囲を巻き込むためには、**普段から協力を頼めるような関係を築いておく**ことももちろん、**相手が困ったときには、自分も積極的に手助けする**ことも重要です。

以前に在職していた福祉事務所では、窓口でのトラブルが非常に多くありました。ときには、暴れるケースもあります。しかし、大事に至りそうな雰囲気のときは、必ず担当だけでなく、多くの職員が窓口に集結していました。特にトラブル時のルールが定められていたわけではないものの、同様のトラブルはいつでも誰にでも起こることなので「困ったときはお互いさま」という心構えが職員に浸透していたのです。

ちなみに、庁外の人材も非常に頼りになります。一般の市町村であれば、都道府県や近隣自治体から、いろいろと参考になることを教えてもらえたりします。民間企業の友人からも「民間の立場からは、役所をこう見ているのか」という新しい気づきを得ることがあります。庁内・庁外の人的ネットワークを築き、いざというときに巻き込める関係づくりを意識しましょう。


POINT!

- **仕事は組織でするもの。だからこそ、できる主任は巻き込み上手。**
- **チームで考え、実行して成果を上げる。**

5 いつでもアドバイスし合える関係を築く

意識していなくても、周りに助けられている

「巻き込み上手とは言うものの、一人では解決できないと思われたりしませんか？」と、ある後輩から言われたことがあります。

しかし、たとえ**各職員に分担された業務であっても、それがその職員個人で完結することはほとんどありません。**つまり、意識はせずとも、多かれ少なかれ、誰もが周りを巻き込んでいます。普段の何気ない会話でも、同じ課や係の上司・同僚などから情報やアドバイスをもらい、サポートしてもらっているはずです。

日常的な情報共有の重要性について、具体的な場面を例に考えてみましょう。

ある商店街が、防犯カメラを設置することになりました。あくまで商店街が自主的に設置し、市はそれに対し補助を行います。

若手が、「防犯カメラ設置について、町会長に説明してこようと思うのですが……」と何気なく言ったところ、すかさず主査から**「その前に、課長から地元議員に言っておいてもらったほうがいいよ」**との声。

つまり、事前に議員に説明しておかないと、後で「俺は聞いてないぞ」と言われる可能性があるため、前もって課長から一言伝えておいたほうがよいとのことです。

さらに、主任からも**「隣の商店街も検討中だったよね。『あっちの商店街はもう設置しますから、検討したらどうですか』と伝えてみれば、前向きになるんじゃない」**とのアドバイスが。お互いに意識し合う商店街同士の対抗心をちょっと刺激してみたら、というわけです。

結局、これらの助言を活かして、防犯カメラは万事問題なく設置されたのでした。

日頃からのコミュニケーションが生んだ成果

さて、このケースの場合、若手が担当する業務は、端的には「商店街の防犯カメラ設置について、町会長に説明する」ことだけです。

しかし、もし二人のアドバイスがないまま、町会長に説明に行っていたら、議員から苦情が来たかもしれません。また、隣の商店街への説明も、安心安全のまちづくりの意義から事細かに説明し、理解してもらうだけでも苦労したことでしょう。

これらは、**自然に行われた情報共有**です。日頃から課や係内で積極的にコミュニケーションを図り、いつでも情報を提供したり、アドバイスをし合えたりする関係をつくっておいた成果といえるでしょう。

なお、外出が多かったり、勤務時間がずれたりする職員が多い部署の場合は、庁内の共有フォルダやホワイトボードなどに記録するという方法も考えられます。また、毎朝五分間のミーティングを行い、**各自が持っている情報やスケジュール等の共有を仕組み化**してもよいでしょう。

POINT!

- **各職員が自然な形で情報を共有できれば、チーム力は高まる。**
- **情報共有の仕組み化で、チーム力が醸成される。**

6 的確な「報連相」でリスクヘッジする

上司は小さなことでも知りたがっている

皆さんが思っている以上に、ときに上司から評価され、ときには大きな減点対象となるのが、「報連相（報告・連絡・相談）」です。

上司は、部下に対して「なぜもっと早く言わないんだ」「こちらから聞く前にきちんと報告してくれ」と思っています。

しかし、報連相が苦手な人は、「この程度のことを伝える必要があるのだろうか」と考えてしまいがちです。そして「面倒だし、まあいいか」と躊躇してしまったり、あるいは「自分で解決しなければ」と抱え込んでしまったりした結果、上司には何も伝えず、締切日直前に「間に合いません」と伝えることになってしまうのです。

上司にとっては、部下の状況把握は重要な仕事です。例えば係長は、係員に割り振った作業の進捗を把握し、全体を統括するのが役割です。ですから、部下は**たとえ瑣末だと思えることであっても、上司の耳に入れておく**必要があるのです。

トラブルなど、悪い報告ほど迅速に伝える

自分が関わっている業務で生じたトラブルなど、悪い話は早めに伝えておくことで、上司を巻き込み、対応策を一緒に考えてもらうことができます。

何より、悪い話は先延ばしにするほど深刻になり、自分の気も重くなっていきます。日が経つにつれて言いづらさも増して、「今日も言えなかった」「このミスをどう挽回しよう」と一人で抱え込み、精神的にツラくなる一方です。

大切なのは、上司にもその業務の状況を把握しておいてもらうことです。「何でもっと前に報告しないんだ」という責めをかわす理由にもできますし、「報連相」することで、上司にも責任の一端を担ってもらうことにもつながるのです。

順調なときも状況を知らせる

特に問題がない場合でも、上司は「どうなっているか」をできるかぎり知りたいものです。「屋上緑化の助成金の申請手続きの検討ですが、順調です」「締切前日にはお渡しできると思います」など、たった一言でもよいので伝えておきましょう。

また、せっかく時間をとって相談に乗ってあげたのに、部下からその後どうなったか何も知らせてこない。これでは、上司からの信頼を損ないます。

相談と事後の報告はワンセットと考え、適切なタイミングで伝えることができれば、上司から信頼されるようになります。次の機会に相談するときも、親身になって聞いてくれるでしょう。

POINT!

- **上司に責任を担ってもらう意味からも、報連相を忘れない。**
- **報告しにくい話ほど、不安が生じた時点ですぐに伝える。**

7 明確な指示で組織を回す

あいまいな言い方はやめ、明確に伝える

うまく回っている組織は、リーダーからの指示出しが的確です。

私自身、初めて主任になった頃、指示の難しさを痛感した経験があります。自分がいざ指示を出す側となってみると、以前仕えた上司の指示がいかに的確だったか、身に染みて実感したのです。

忙しく、複数の案件について同時進行で迅速な判断が求められる状況になってくると、指示出しを焦ってしまい、つい「とりあえず前回の資料をもとに作って」とか、「明日の朝までにお願い」などと、あいまいな言い方をしてしまうことがあります。

しかし、指示を出した側は「朝＝出勤後すぐ」というつもりでも、指示を受けた側は「朝＝午前中のうちに」と理解し、誤解を招く可能性もあります。指示を出すときは、明確に自分が求めていることを相手に伝えましょう。

また、仕事にまだ慣れていない職員に対しては、**「一時に一事」を心がけ、最初は一つの指示を出し、課題をクリアした段階で、次の指示を出す**とよいでしょう。

最もやってはいけないのが、「丸投げ」することです。時折、いい加減な指示で丸投げすることを、「任せること」とはき違えている上司がいます。その挙句、自分の期待どおりに仕上がらないときは、何度もダメ出しをしてしまう。これでは、部下のモチベーションは下がる一方です。

後輩職員のモチベーションを引き出す

主任としては、後輩職員が意欲的に取り組めるような指示を出したいものです。

そのためには、まず後輩職員に対して仕事の全体像を示すことが求められます。全体像がわからなければ、後輩職員は作業の本当の目的がわかりませんので、ムダに作業を行ってしまう可能性があります。

つまり、「とりあえずデータを集めておいて」などと言われても、後輩職員はただこなすだけで、モチベーションは上がりません。しかし、「このデータは、次の議会で打ち出す事業の叩き台になるんだ」などと、その背景や目的をふまえ、全体像を示して伝えることで、後輩職員の取り組み方や意識が変わってくるのです。

また、後輩職員に**「他人事」ではなく、「自分事」として仕事の意義を感じられるように伝えること**も大切です。例えば、ただ一言「会議の議事録をとっておいて」と言うのではなく、「いずれ会議の事務局を担当して、回せるようになってほしい。まずは議事録をまとめることから学んでみて」といった具合です。将来の期待を示すことで、部下のモチベーションは高まります。

後輩職員だけでなく、同僚に作業をお願いする場合も同じです。的確な指示を出すことが、組織をうまく動かすとともに、自分をラクにすることにもつながるのです。

POINT!

- **受け取った側が解釈に困るような指示はNG。**
- **相手のやる気を引き出すように工夫して伝える。**

8 自信を持たせる後輩指導のコツ

主任になったら人材育成の視点を持つ

明治から大正にかけて活躍した政治家で、東京市長（現在の東京都知事）も務めた後藤新平の名言に「財を遺すは下　事業を遺すは中　人を遺すは上なり」というものがあります。

人材育成の重要性を説いた言葉ですが、主任に昇任したら「人を育てる」ということを意識しておきたいものです。「自分のことで精一杯で、とても後輩の面倒までみてられない」という人もいるかもしれませんが、**後輩を育てることは、チームの生産性を高め、結局は自分をラクにすることにつながります。**

また、「自分に後輩を指導できるのか」「そもそも教えられることがあるのか」と躊躇してしまうかもしれませんが、主任として業務を行っているということは、後輩職員よりも一歩先に進んで仕事をしていることに他なりません。二歩も三歩も先に進んでいる係長や課長の話よりも、立場が近い主任の指導・助言のほうが、後輩職員にとってはかえって参考になることだってあるのです。

まずは、後輩職員を観察し、話をよく聞きましょう。普段と様子が異なるときには、何か困っていることはないか、現状の把握に努めます。そして、後輩から話しかけられたときは、ちょっとした相談でも、近くのイスに座らせて話をじっくり聞きます。

話を聞いてくれる人には、誰しも心を開くものです。「報告や相談に行っても、全然こちらの話を聞いてくれない」と思われてしまっては、後輩は近づいてきません。

新たな挑戦をしたことをほめて自信を持たせる

いくら意欲のある職員であっても、いつも同じ仕事をさせていては、さらなる成長は望めません。一人ひとりの個性や現状の課題、伸ばしたいところに応じて、今まで経験したことのない業務を与えます。

ときには、あえてクレーマーなど困難な住民対応を任せてみたり、特別な研修への参加を勧めたり、係の代表として他部署との調整をさせたりすることも考えられます。

後輩に新たな挑戦をさせたら、その成否にかかわらず、事後にフォローすることも主任の務めです。成功した場合には「○○さん、すごいじゃない」とあえて人前でほめましょう。**たった一言のほめ言葉が、後輩の自信につながり、成長を促す**のです。

たとえ失敗したとしても「納得はさせられなかったけど、あのクレーマーの住民に対応できただけでも素晴らしい」と、評価ポイントをみつけて伝えましょう。そして、次回は確実に成果が残せるように、ポジティブなフィードバックをしましょう。


POINT!

- **主任として後輩職員の指導は主任の業務の一環と捉える。**
- **後輩が失敗しても、まずは挑戦したことをほめる。**

9 主任に求められるボスマネジメントの作法

部下に求められるボスマネジメント

どんな人でも、上司に対して、「責任感がない」「統率力に欠ける」「決断できない」「一貫性がない」など、何か一つは胸に抱えているのではないでしょうか。

部下は上司を選べませんが、上司との関わりを避けることはできません。そのため、**上司との関係をできるだけ自分にとって得になるように努力する**ことが重要です。

「ボスマネジメント」という言葉があります。マネジメントとは、上司や管理者だけに必要なものではなく、反対に、部下の側から上司をマネジメントすることも求められているのです。上司をうまく動かし、使いこなす力を身につけることで、組織としての成果を最大化し、部下自身の仕事の効率も上げることができます。

「役割分担」と「強み」を意識する

まず、上司の性格や相性には目を瞑《つむ》り、「役割分担」と「強み」を意識しましょう。**上司に何をしてもらう必要があるのかを明確にし、**「役所の代表としての挨拶」「議員や町会長との折衝」といった、上司にしかできない役割を担ってもらいます。

また、上司はその部署や係の責任者ですから、執拗なクレームへの対応などの際、最終的にフォローするのも役割の一つです。

ときには困った上司もいるかもしれません。例えば、起案文書を毎回、真っ赤に添削して修正を求めてくる係長。しかし、必ず修正が入るのであれば、ある程度作成したところで判断を預けてしまえば、考える手間を省くことができるかもしれません。

さらに、上司の立場や長所・短所、思考の癖などを理解し、彼らの強みを見極めましょう。**どんな上司でも、部下よりも大きな権限、または高い能力や実績、あるいは深い専門知識や、広い人脈**など、何らかの強みを持っています。例えば、人脈に長けた上司ならば、他の部署からの協力を依頼してもらったり、近隣自治体の担当者への問い合わせに人を紹介してもらったりする形で、サポートを受けることができます。

自分にとって得な関係をつくる

どんな上司でも、人事評価を行うのはその上司ですから、良好な関係を築いておくことにはメリットがあります。

完璧な上司はいません。経験不足が否めない上司もいますが、それを受け入れ、適切に対処しましょう。そのためには、ＳＴＥＰ１でも述べた自分なりのコミュニケーションの「型」を持っておくことが有効です。

公務員は異動がつきもの。どんな上司とも「出会ったことも何かの縁」と捉え、少しでも良い関係を築いて仕事を進めていくことが求められるのです。

POINT!

- **どんな上司も、敵に回しても損をするだけ。**
- **組織のために上司をうまく動かすことができれば、自分もラクになる。**

10 係全体への目配り・気配りを忘れない

チームとしての視点

主任は、係内では係長に次いで上から二番目の位置にいます。位置づけは中堅職員ですが、係長を補佐する立場でもありますので、主任昇任を機に視点を広げておきたいところです。いずれ係長に昇任する主任がほとんどですので、今のうちから係全体への目配り・気配りを意識するようにしましょう。具体的には、次の三点があります。

まずは、チームとしての視点です。組織目標は明確になっているか、組織目標の達成に向けての方法や手順が具体的かつ適切な内容か、既存事業の見直しや事務改善の必要はないか、メンバー間のコミュニケーションは円滑か、などが考えられます。

また、職場環境を整えることも重要です。情報共有のための共有フォルダの整理、キャビネット内の不要資料の廃棄、不正や事故を防ぐための個人情報保護や金庫の管理などがあります。

後輩職員は自分の業務だけに集中しがちですし、反対に係長は細かなところに気づきにくいことがあります。**主任だからこそ、係の「ムリ・ムダ・ムラ」をみつけやすい**という側面があります。

後輩職員・同僚をサポートする

次に、個々の職員に対する視点も重要です。後輩が仕事で困っていることがあればフォローすることはもちろん、新しい業務を行わせたり、他部署との調整を行わせたりして、後輩の成長をサポートします。

また、後輩が成長できるような環境を整備するため、積極的な声掛けや話しやすい職場づくりも求められます。研修やＯＪＴの機会を提供したり、外部のセミナーへの参加を奨励したりすることも有益です。

なお、係内に別の主任がいることもあります。このような時は、同僚として緊密に連携を取ることが求められます。具体的には、主任の役割分担などを行い、業務の重複が起こらないように注意します。

係を取り巻く環境にも注意する

さらに、係を取り巻く環境に対する視点も重要です。

例えば、関係する法の改正、庁内ルールの変更などがあれば、係業務に影響が生じます。そうした情報に敏感になり、係業務にどのような影響があるのかを明確にしておく必要があります。同様に、日頃から係業務に関連する報道などにも注意しておきたいところです。どこかで大地震があれば、防災課への問い合わせが増えるように、社会状況も業務に影響を与えます。日頃から、情報収集を意識しましょう。

POINT!

- **チーム・各職員・係を取り巻く環境の三つの視点を持つ。**
- **三つの視点が係長昇任への準備にもつながる。**

Column 4

出世の功罪

今の時代、露骨に上昇志向を出して仕事をしている職員は少ないと思います。某自治体では、係長職選考の受験率低下が続いたため、現行の本人申込制だけでなく、並行して適任と思われる職員を指名する制度を導入したそうです。

どんなポストで仕事をしたいかは、公務員に限らず誰しも考えることだと思います。まだ、新人職員であれば、係長試験・管理職試験など、遠い先のことに感じるかもしれませんが、年数が経てば確実に「受験するのか、しないのか」の選択が必要になります。

「ずっとヒラのままでいい」という職員も多くいます。ですが、後輩が上司になったり、同期が管理職になったりすると、やはりひっかかりが出てくるのではないでしょうか。良いか悪いかは、別にしても。

実例があるのですが、ある係に配属された新人職員に役所のイロハを教えていた先輩がいました。しかし、今ではその新人職員は課長となり、その先輩を指導する立場になっています。表面上は、お互い自分の職責を全うしているのですが、本音ではどう思っているかはわかりません。

上のポストに行けば行くほど、仕事はダイナミックになり、やりがいも大きくなると思います。課長と係長ではできることも違ってきて、課長であれば施策を立案して、住民から感謝されることもあります。

しかし、一方で責任も大きくなります。困った職員の面倒も見なければなりませんし、組織人として自分の意思とは異なることを言わなければなりません。係長よりも背負うものは、確実に大きくなります。将来的にどのポストを目指すのか。主任のうちから少しずつ考えておきましょう。

STEP 5

的確に説明・説得する話し方のテクニック

1 議論の場では「明確な理由」なしに話さない

事業課VS財政課の予算折衝

仕事を進めていく中では、意見が衝突することもあります。

例えば、役所の中でよく見られる議論の光景に、事業課と財政課との予算に関する意見の相違があります。ここでは、財政課に新規事業の予算要求をした事業課のケースを取り上げてみましょう。

まず、事業課は、その新規事業を実施することを了承してもらうために、説得に足りる材料を考えたうえで、意見を伝えなければなりません。事業が必要な理由について、**メリット・デメリットを総合的に考慮した結果であることをわかりやすく示さな**

ければ、財政課は首を縦に振ることはできないからです。

例を挙げると、①住民ニーズ（住民意識調査、広報はがき、陳情などがその根拠）、②事業を実施した場合のメリット（コンサルタント会社から事業効果が発表されている、懸案となっている地域住民の要望が解決する、費用対効果が高いなど）、③事業を実施しない場合のデメリット（地域住民からの反発が予想されるなど）を用いて事業の必要性について訴えます。

一方で、財政課は、予算の視点を含めた別の角度から、本当にその事業が必要なのかを検討することになります。

つまり、①事業の必要性（本当に事業効果があるのか、実施しなかった場合の影響、費用対効果など）、②予算要求の妥当性（要求内容は適正なものか、削減できる部分はないかなど）、③予算全体から見た優先順位、などを考慮する必要があるのです。

このように、議論の場で自らの意見を述べるにあたっては、明確な根拠が求められます。**説得材料の伴わない、思い込みで意見を伝えるだけでは不十分**なのです。

妥協点まで見据えて意見をまとめておく

このように、第一段階として客観的な事実を根拠に理由を述べ、「必要である」「必要ではない」といった意見を言うことは最低限すべきことです。しかし、私が感じるのは、議論において本当に重要な、ここから先の提案が苦手な職員が多いということです。

このケースのように、議論ではどちらか一方の意見が全面的に通るということは少なく、到達点（妥協点）を探っていくことになります。

そのときに、お互いの意見をぶつけ合ったうえで、「費用を削減して事業全体を縮小する」「事業課の他の事業で代替する」といった選択肢を提示することができない職員が少なくありません。

つまり、まずは客観的な事実、明確な根拠とともに理由を明示して意見を述べる。さらに、**他者からの多様な意見が出ることをふまえた、次善の策までを用意しておいて、初めて「意見表明の準備完了」と言える**のです。

POINT!

- **複数の視点を勘案したうえで、説得に足りる材料を用意する。**
- **妥協案までを見据えてこそ、一人前。**

2 大勢・人前では「聞き手ファースト」で話す

主任は人前で話す機会が多い

主任になると、必ず大勢の前で話す機会がやってきます。

例えば、庁内向けの説明会、研修講師、住民説明会もあれば、講演やシンポジウムに出席することもあるでしょう。

最初はなかなか慣れないですし、失敗してしまうことも多々あります。

私も、初めて庁内で研修講師を依頼されたときは、数日前からとても緊張しながら準備したことを覚えています。四〇名程度の参加者を前に、事前に話す内容を一言一句原稿に起こして、わかりやすく伝えたつもりです。研修中は内心「うまくいっているなあ」と思っていたのですが、終了後の感想を読んではっとさせられました。「講師は原稿ばかり見て、研修生と目を合わせない」と書かれていたのです。

人前で話すことは、経験を重ねるごとに慣れていくものですが、最低限注意しておきたいポイントをお伝えしましょう。

伝えたいことを明確にする

例えば、主任は事業に関する職員向けの説明会などで、説明役を係長から依頼されることがあります。しかし、嫌々やっているような態度では、出席している職員にもそれが伝わってしまいます。つまり、「このことをわかってほしい」「少しでも役に立ったと思ってもらいたい」という強い気持ちがないと、職員にはなかなか届きません。

同じように、**自分で納得できていない点や、腑に落ちない点などは、自然と表情から伝わってしまうため、事前にできるだけ解決してから説明する**ことが大切です。

さらに、聞き手である参加者について十分に把握して内容を考えましょう。

例えば、民生委員を対象に防災対策の説明を行うとします。参加者は地域のために働いていただいている方々ですから、地域福祉について理解している一方で、その難しさも十分認識しています。また、参加者の多くは高齢者です。

こうした点をふまえると、例えば、阪神・淡路大震災では近所同士の助け合いが非常に重要だったことや、一人暮らし高齢者の孤独死の問題から地域での見守り活動が求められていることなど、伝えるべき内容が見えてきます。

また、若者を中心として町会・自治会への加入率が低下しており、防災上の課題があることなどを話題とすると、いきなり「本市の防災対策」を述べるよりも、身近に感じてもらえるはずです。

独りよがりに言いたいことだけを話しても、聞き手には伝わりません。聞き手のことを考え、関心のありそうな事柄を導入部分に入れ、そこから膨らませていくことを意識するとよいでしょう。

POINT!

- **伝えたい思いの強さは、聞き手に直接届く。**
- **聞き手の属性・関心を深く考えて、適した伝え方を練り上げる。**

3 住民説明会では、映像もうまく取り入れる

住民説明会での映像の活用

説明では、口頭で話す内容の精査以外にも工夫が必要です。端的にポイントをまとめた配付資料の作成や、パワーポイント（ＰＰＴ）の活用もその一つです。

しかし、対象が一般の住民や新人職員など、相手がその内容を聞くのが初めてに近いときや、説明事項が多岐に渡り、長時間に及ぶときには、文字だけでは理解しづらい場合もあります。そんなときは、映像を用いて視覚に訴えることが効果的です。

例えば、市内の各地で総合計画に関する住民説明会を実施することになったときのことです。市域を九つに分けて開催するため、同じ説明を九回することになります。

役所の総合計画といっても、一般の住民には親近感がなく、住民の関心を引くのが難しいことは、初めからわかっていました。

そこで活用したのが、事前に地元ケーブルテレビで作成していた番組です。参加していただいた住民の感触もよく、いろいろなご意見をいただくことができました。

まちの移り変わりを放映したり、施策体系を図やテロップを用いて映像で説明すると、言葉だけの説明よりもイメージがしやすく、印象に残ります。どうしてもＰＰＴは動きに欠け、漠然としたイメージしか頭には残らないのです。

映像の使用は、仕事の効率化にもつながります。同じことを九回も説明する必要がなくなり、職員の手間も省くことができ、事務量の軽減につながりました。さらに、映像を用いたうえで、職員による補足説明、そして質疑応答の流れにすることで、参加者からの意見も聞きやすく、職員も質疑応答に集中することができたのです。

動画を作成する

最近では、動画を作成できる職員も多くなってきました。

先のような住民説明会では、担当者が同じ内容を説明する必要があります。地域によって、説明の内容が変わってしまっては困るからです。このため、説明原稿を作成することもよくあります。ただし、何度も同じことを話すのは大変ですし、先のような説明に活用できる番組がないこともあります。

そうした時には、ＰＰＴのスライドショーの記録やスマホの録画機能を使って動画を作成するという方法もあります。これらを使うと簡単に動画を作成することができます。また、動画編集ソフトでテロップなどを入れると、よりわかりやすくなります。

ただし、説明の内容すべてを映像で済まそうとすると、住民説明会に参加した出席者は「市の職員は、私たちと一緒に映像を見ているだけ」と感じてしまう可能性があります。このため、効果的な補足説明を行うなど、職員が手抜きをしているような印象を与えないことが必要です。映像とそれ以外のバランスを考慮して、出席者にとってわかりやすい住民説明会の構成を考えましょう。

POINT!

- **説明＝文章・口頭だけとは限らない。**
- **相手にわかりやすく伝えるための工夫を惜しまない。**

4 どんな場面も「結論先出し」が基本

まずは結論、次に理由

若い頃、課長から「で、結論は？」と言われることがよくありました。当時は、自分なりに丁寧に順を追って話していたつもりでしたが、今はその理由がわかります。庁内での上司への報告、会議での発言やプレゼンはもちろんのこと、住民対応でも、説明するときの基本は、「結論から先に話すこと」です。

結論ではなく、経過や理由からの説明は、聞き手にとっては、なかなか本題に入らないため、「何が言いたいのか」という思いが募ります。起承転結に沿うのではなく、結論から言ってもらったほうがありがたいのです。

課長へのわかりやすい報告例

具体例を見てみましょう。主任から課長への報告です。

①経過や理由から話した場合

「今日は、滞納者のAさんの納付相談を行いました。住宅ローンや学費などの支払いがあるために国保料が支払えないということでしたが、先日課長と打ち合わせしたように、他の国民健康保険加入者との公平性が保たれませんので、分割納付を認めたいと思います」

これでは、結局どうするのか、最後まで聞かないとわかりません。

②先に結論から話した場合

「国保料を滞納しているAさんの件ですが、分割納付を認めたいと思います。やはり先日課長とも話した公平性が問題でしたが、滞納理由がローンや学費の支払いという話でしたので、分割納付にしたいと思います」

こちらは、「どうするか」を先に述べているので、結論をすぐに理解することができます。

話したい順番と、相手が知りたい順番は別

そもそも、説明する人が話したい順番と、聞く人が知りたい順番は別です。

例えば、何か仕事上のトラブルが起きた際、話し手の側は、①「なぜトラブルが起きたのか」（経緯・理由）、②「どう対応しようと考えているか」（結論）という順に話そうとします。しかし、**聞き手の側が知りたいのは、①「結局どうするのか」（結論）、②「なぜそうするか」（理由）という順番**なのです。

相手が住民でも同じです。用件があって訪れた住民に、「この件については、昨年に総務省から出された通知がありまして…」などと詳細な経過から説明し始めたら、「結局できるのか、できないのか、先に言ってくれ！」と言われる可能性が高いです。予期せず窓口対応の不満につながってしまうこともあるでしょう。

忙しい人にほど、手短に

議員や首長への説明は、「結論から話す」に加えて、「短時間でわかりやすく」も求

められます。彼らは日々、常に時間に追われています。首長であれば毎日、課長や部長がさまざまな報告や判断を求めてやってきます。また、議員も同様です。長々と続く執行部の議会答弁に、議員から「さっさと結論を言え！」などと野次が飛ぶ光景もよく見られます。忙しい彼らが知りたいことは、「結局、どうなるか？」「自分はどうすればよいのか」だけです。

詳しい経過などの説明は基本的に不要と考え、**「これだけは伝えておくべき」ということを精査して、「何がどうなるのか」だけを一分以内で伝える**ようにしましょう。また、報告や説明の際に用いる資料も、端的にまとめます。何かの報告書を渡す場合は別として、原則はＡ４で一枚、多くても二、三枚が限度と考えましょう。

POINT!

- **説明するときは、結論→理由の順番で手短に伝える。**
- **詳細な報告は、どうしても必要なときだけでいい。**

5 「全体の利益」を根拠に粘り強く交渉する

住民と行政との合意形成

役所の仕事においては、「交渉」も重要な仕事の一つです。庁内の他部署はもちろん、民間事業者、住民が相手という場合もあります。

例えば、廃棄物担当課のある職員から、こんな相談をされたことがあります。ある地区の一部で区画整理が行われるため、ごみの集積場所を変更することになり、住民説明会を控えているそうです。従来の場所は使用できないため、別の場所に変更することは避けられません。

しかし、事前のヒアリングでは、住民は「必要性はわかるが、なぜこの場所なのか」

「私の家の近くには小さな子どもがいるから、別の場所にしてほしい」など、いわば総論賛成・各論反対。説得できるかとても不安で、私にアドバイスを求めてやってきたのです。

デメリットをわかりやすく伝える

いわゆる迷惑施設を設置する場合は、多くの住民は「その必要性はわかるが、自分の家からは離れたところにしてほしい」と考えます。

その理由は、単なる地域エゴという場合もありますが、設置により自宅の不動産価格に影響するというシビアな側面もあります。

こうした例に限らず、住民に対して説明・説得する際に大切なポイントは、**「役所の利益」ではなく、あくまで「全体の利益」を考えた結論であることを強調する**ことです。

このケースであれば、ごみの集積場所の必要性については、大半の住民が理解しているはずです。しかし、仮に設置そのものに反対するような場合は、「設置しない場合、八〇メートル先のB地区まで持ってきてもらう必要がある。そうすると高齢者には負担増であるし、「不法投棄が増え、まち全体の美化に問題が発生するおそれがある」といったデメリットを示す必要があります。

つまり、役所の利益（都合）による変更ではなく、全体（住民）の利益を考えたうえでの変更であることをわかりやすく伝えるのです。

どこに設置すべきかを論理的に説明する

さらに、地区内のどこに新たに設置するかについて、現状と問題点、解決策の流れで論理的な説明をする必要があります。

①住民の利便性を考え、集積場所は概ね五〇メートル間隔となっている
②その場合、候補地は三か所ある
③しかし、そのうち一か所はA小学校の通学路となっており、登校時に収集車と接触する危険性があるので、避けたほうが望ましい
④もう一か所も、道が狭くごみが溢れた場合には、通行の障害となるおそれがある
⑤よって、最後の一か所が望ましい

こうした論理展開で話を進め、議論をこちらのペースでリードするのです。

住民からは、「そうは言っても、最後の一か所の近くにはデイサービスに通う○○さんがいるので、問題だ」などの反論を受けることもあるでしょう。

しかし、どんなに反対したとしても、現状維持が無理な場合には、いずれ何らかの結論を出すしかありません。

役所としては、このような地域エゴを持ち出された場合でも、「全体の利益（公共性・公益性）」を根拠に、粘り強く交渉していくことが肝要です。

なお、こうした地域エゴを根拠にした主張は、交渉が長期間に及ぶと、住民側の中にいる良識派から異論が出て、一枚岩が崩れていくこともあります。そこから切り崩していくのが、住民交渉のポイントです。

POINT!

- 論理的な説明で、議論をリードする。
- あくまで住民のことを考えた提案であることを強調する。

6 相手のペースに乗らず、交渉しよう

揺さぶりに動じず、自己の正当性を主張する

住民説明会では、住民から厳しい罵声が飛び交うような事態になることもあります。ある上司から聞いた、ハードな交渉を強いられたエピソードです。

小学校の通学区域の変更について、ある町会に説明に行ったときのこと。この町会は、昔からA小学校の通学区域だったものの、同校の通学区域内に大型マンションが建設されたために、児童数の増加から、一部の地域をB小学校の通学区域に変更することになりました。そこで、A小学校から最も遠いこの町会が対象となり、説明会を開催したのです。

すると、「三〇年以上もA小学校だったのに、急な変更はおかしい」「祖父の代から同じ学校に通っているのに、今更うちの息子をB小学校に行かせるわけにはいかない」など反対意見が続出。終いには脅すような発言も出てきて、とても苦労したそうです。

このように、住民との交渉では、思わぬ反論にあうこともあります。

例えば、ある一人が「〇〇じゃないか！」と責め立てると、周囲が「そうだ、そうだ」と加勢して複数で畳みかけてきたり、感情的に声を荒げ始めたり、瑣末なミスを誇張して相手を陥れたり、役所の担当者の人格的な批判をしたりすることもあります。

この上司は、こうした揺さぶりに必死に耐えながらも、相手の論法に乗ることなく、ぶれずに一貫して、ひたすら自己の正当性、論理展開を繰り返し、最終的に合意を得たといいます。どんな場合でも、**相手の揺さぶりに動転してしまい、思いつきやこれまでとは違った説明をしてしまい、態度がぶれることはNG。**相手はそこを見逃さず、形勢が一気に不利になってしまうので、要注意です。

相手の主張で、不利益を被る人もいることを指摘する

「役所は〇〇というが、それではダメだ。△△にすべきだ」といった、代案を出して

くる場合もあるでしょう。

このようなときは、逆にその代案の不備を訴えると、こちら側の攻勢に出るきっかけにもなり得ます。なぜなら、どんな場合でも、自らの主張を他人に納得してもらうのは難しいことですが、相手の主張に対して欠点や不備を指摘することは、比較的簡単だからです。簡単であるがゆえに、**相手の代案も役所の主張に反論するためにその場で考えたものが多く、決して深く練られた内容ではありません。**

責任がない分、いい加減な発言を繰り返してまともに対応してこない場合には、「その代案では不利益を被る人がいる」ということを大きく主張し、相手の不備を明確にして、交渉の流れをこちら側に引き戻しましょう。相手の揺さぶりをまともに受け止めず、自分たちのペースで交渉を進めることが、説得への近道なのです。

POINT!

- **相手の主張に耳を傾けることは大事だが、態度がぶれるのはダメ。**
- **粘り強く、合意形成に向けて一貫した対応を。**

7 クレームは覚悟を決めて対応しよう

クレームは必ず、組織で対応する

役所には、ちょっとした勘違いに端を発したものから非常に悪質なものまで、さまざまな苦情やクレームが寄せられます。

私も以前、毎日同じ時間に電話をしてくる住民に困ったことがありました。小学校の隣の市営住宅に住んでいる男性からのクレームです。土日に地域の野球チームが練習をしていて、その声がうるさくて困るという内容でした。

近頃、学校や公園などで、子どもの声を巡って周辺住民との摩擦が生じるケースが増えています。以前であれば、地域の人たちも寛容でしたが、昨今は多くの自治体で理解を求めるのに苦労しているようです。

この他にも、行政にはさまざまなクレームが持ち込まれています。職員としては、できれば関わりたくないのが本音ですが、市民課等の窓口がある部署はもちろん、その他の部署でも、クレームが皆無という部署は稀でしょう。

苦情から逃げ回っていても、相手が納得し、引き下がることはありません。かえって役所に対する不満や不信感が高まり、些細な問題のはずが、担当者の不誠実な態度で怒りが増してしまい、問題をこじらせかねません。逃げられない以上、覚悟を決め、腹を据えて向き合いましょう。**大切なのは、決して一人で抱え込まない**こと。手に余るような場合は、同僚や上司の手を借りて、組織で対応するのが基本です。

また、クレームを言う人の要求は、理不尽なものが多く、認められないものも少なくありません。**どんなに厄介な場合でも、公平・公正を旨とする自治体においては、特別扱いや例外は認められないことを常に意識**しましょう。

新たな視点を教えてくれることもある

一方、役所に伝えられる住民の話の中には、ときに役所が見逃していた住民ニーズを教えてくれるものもあります。

つまり、自分勝手で利己的な要求もある一方で、私たちサービスの提供者である公務員の側が気がつかなかった、あるいは配慮が足りなかったということも少なくありません。

また、現行制度上はその要望を叶えることはできないものの、相手の主張を理解できることもあります。ですから、**無用な敵対心を抱いて、構えてしまうのはよくありません。**

役所にわざわざ足を運び、よりよい行政運営や地域づくりのために意見を述べている相手に対しては、まずは感謝の意を素直に伝えましょう。

最終的にお互いが理解し合う醍醐味

自分が感じた素朴な疑問や不満をきっかけにして、役所の抱えるさまざまな問題に対して真っ向から議論をしてくる人に対して、職員が何らかの見解を述べると、相手はさらに疑問点などを投げ返し、やり取りが行われることになります。

その結果、相手に納得してもらえるかどうかは、ケースによります。しかし、こうした場合に共通するのは、真面目な住民はよく勉強しており、賛成か反対かは別として、役所の立場も理解してくれるようになることです。それは、苦情に端を発した、前向きかつ建設的な議論といえるでしょう。

クレームに苦手意識を持つ人は、とかく自分や役所が正しいという先入観を持ってしまいがちです。その思いが強すぎて、最初から対決姿勢が態度に表れ、相手の感情を刺激するのは、得策ではありません。

どんなときも、**まずはフラットな気持ちで相手の主張に耳を傾ける。**そして、一人でも多く行政のよき理解者を増やすことが、住民と向き合う際の基本姿勢なのです。

POINT!

- **公平・公正を旨に、厄介なときは組織で対応する。**
- **第一印象で相手を決めつけず、まずは真摯に耳を傾ける。**

Column 5

立場が人をつくる

昔から役所に伝わる言葉の１つに、「立場が人をつくる」があります。これは、「その立場になれば、それらしく振る舞えるようになる」というものです。例えば、係長に昇任したばかりの際には、まだ少し頼りなく、周囲は心配していたとしても、時間が経過すれば、そのポストにふさわしい人間になっていきます。

個人的に「本当にそうだなあ」と痛感したのは、課長になってからです。課長として、自治体の代表として挨拶をする、関係機関と調整する、他の部署と折衝する、などの経験をするからです。

部下からも、予算をはじめとして、さまざまな点から判断を求められることが多くなります。「〇〇町会から△△について説明に来てほしいとの依頼がありますが、どうしますか？」と部下から尋ねられれば、その可否や、行った場合、行かない場合のメリット・デメリットなどについて判断しなければなりません。そして、それによって生じるいろいろな影響も自分で負うこととなります。

当然、あまり考えずに判断すれば失敗します。そのように、仮に手痛い目に会えば、否が応でも学習することになります。経験によって、課長らしくなっていくのです。また、自分の意に反して言わなければならない、やらねばならないときもあります。部下を叱責したり、議会答弁で苦労したり、と大変なこともあります。それでも、それが経験値となって加算されていきます。

しかし、そうした役割を演じられない人もいます。課長なのに判断しない、係長なのに調整できない。そんな人の背後には、部下からの厳しい視線が突き刺さっています。

STEP 6

ツラい気持ちを
ラクにする
メンタル・マネジメント

1 毎日の挨拶が、仕事も心もラクにする

挨拶から始める人間関係

以前、民間企業を経て転職してきた同僚に、「うちの役所はなぜきちんと挨拶をしないのですか」と聞かれたことがあります。

彼が勤めていた会社では、挨拶の声が少しでも小さいと、上司から「元気がないぞ！」と注意されていたといいます。転職して公務員になり、朝も帰りも、多くの人があまり挨拶をしないことに驚いたそうです。

実際に、課内の人間には挨拶しても、他課の職員に対しては、廊下ですれ違ってもほとんどしない人が少なくありません。しかし、挨拶の積み重ねは、職場での円滑な

コミュニケーションをもたらし、ひいては自分自身をラクにしてくれます。

朝、知っている職員なのに、黙ってお互い通り過ぎる。目は合わせても、言葉を交わさない。しかし、その後仕事で必要に迫られて、口をきくことになる場面もあります。こんなとき、お互いどこか気まずい雰囲気になるものです。

一方、日頃から積極的に挨拶を交わしておけば、例えば相談したいことがあり、協力を求めたいときにも、頼みやすくなります。

また、**職場での挨拶は、「共に仕事を頑張りましょう」という意思表示**です。挨拶をしないことで、人間関係を拒んでいるように見られた結果、必要な情報が入ってこないと、仕事に支障をきたしてしまいます。

つまり、「職場で挨拶ができない」ということは、仕事の能力以前に、人間としての評価を落とすことにつながりかねないのです。

小さな心がけ一つが、信頼を生む

朝出勤したら、「おはようございます」。外出時は「行ってまいります」。役所に戻ったら「只今戻りました」。用を頼まれたら「かしこまりました」。退庁するときは「お先に失礼します」。これらは基本と言っていいでしょう。

どうしても挨拶が苦手という人もいるかもしれません。何となく恥ずかしい、朝はどうしても不機嫌になりがち、などいろいろな理由で、元気よく「おはようございます」とは、なかなか言えないようです。そうした場合には、できれば、小さい声でも「おはようございます」と言えればよいのですが、軽く頭を下げるだけでも、何もしないよりはいいでしょう。

挨拶には、大きな労力はいらず、心がけ一つの問題です。挨拶は空気のように、特に意識せずにしている人が多いと思います。しかし、これからは、**「挨拶をすれば自分がラクになるし、得だ」**という気持ちで、意識してやってみてください。

自分が窮地に陥ったとき、何人の人が助けてくれるか。日々の挨拶が信頼を生み、自分の財産となるのです。


POINT!

- **共に働く仲間に挨拶することは、当たり前のこと。**
- **その積み重ねが、いつか自分を助けてくれる。**

2 解釈次第で、感情はコントロールできる

自分の感情をコントロールする「ABC理論」

係長時代、部下からこんなことを言われたことがありました。

「今日、課長から注意されたんです。作成した資料の数値が間違っていて、『ちゃんと確認してもらわなきゃ困るよ！』と言われただけなんですが、言い方がきつく感じて、その後もずっと怒られているような気がして……」

いつもは明るい主任です。仕事にも前向きな彼がこんなふうに話すのは余程のことだと考えましたが、私はこう言いました。

「気持ちはわかるけど、課長は、怒っているわけじゃないと思うよ」

そして、「ＡＢＣ理論」と呼ばれる方法のことを伝えました。

公務員の仕事は、ほめられたり感謝されたりすることが少ない割に、苦情や批判にさらされやすく、民間とは異なるストレス要因があるとも言われます。しかし、感情に左右されてストレスを溜め込み、仕事に支障が生じることはとてもマイナスです。

私たちは、何らかの事実や出来事があって初めて、感情を抱きます。

例えば、この主任のように、**「上司に注意された」という事実に対して、「不愉快で、悲しい」という感情を抱く**、といった具合です。

しかし、実際には、こうした事実がそのまま直接、感情を引き起こしているわけではありません。その過程、つまり、**事実や出来事**（Activating event＝A）と**感情**（Consequence＝C）の間には、**思考や思い込み**（Belief＝B）があり、**同じ事実に対しても、思考が違えば感情は異なる**というのが、ＡＢＣ理論です。

課長に注意されたという事実に対して、ある人は「私は課長に嫌われている」と考え、「不愉快で悲しい」という感情を抱きます。

しかし、「課長は私のことが憎くて注意したわけじゃない。私のことを思って指導してくれている」と考える人は、「頑張ろう」という前向きな感情を抱きます。このように、その人の思考や思い込みが違えば、抱く感情もまた異なるのです。

思い込みはやめて、柔軟に考えてみよう

不本意な人事異動も、住民からの理不尽な要求も、その事実は変えられません。しかし、思考や思い込み次第で、その結果として生まれる感情はコントロールできます。忙しい毎日に対して、「自分ばかりに仕事が命じられる」と考えるのか、「いろいろな経験をさせてもらっている」と捉えるのか。また、出先機関への異動を「左遷された」と考えるのか、「事業現場の経験は将来必ず役に立つ」と考えるのか。

考え方によって、プラスの感情もマイナスの感情も抱くことができるのです。

ストレスを感じたりするときは、このＡＢＣ理論を思い出して、ちょっと考え方に柔軟性を持たせてみてください。

POINT!

- 事実→思考→感情のパターンがあることを意識する。
- 事実は変えられなくても、考え方次第でプラス感情を抱くことはできる。

3 仕事に関する事実・状況を多面的に解釈する

物事を一歩引いて見る癖をつける

前項で説明した「ＡＢＣ理論」を知ってから、私はとても前向きに仕事に取り組めるようになりました。それまでは、課長からの注意も、前項の主任と同じで「怒られてしまった……」と気にしていたのが、全く逆に考えるようになったのです。

例えば、課長から「資料はできたのか。来週から議会が始まるから、早めにやっておけよ」と注意されたときも、**「なるほど、議会がある時期は、通常よりもスケジュールをよく考慮して進めなければならないのか。これで、また一つ視野が広がったな」**とプラス思考で捉えられるようになりました。

マイナスなことを考えていた頃に比べ、心がずっとラクになりました。自分をラクにするために、自分にとって都合の良い感情を選択したといえるかもしれません。

では、どうやって思考に柔軟性を持たせ、感情をコントロールすればよいのか。

まずは、**事実がすぐ感情に結びつかないように、「一歩引いて見るように習慣化する」**ことです。

気に障る出来事があったときに、自分の思い込みで、瞬間湯沸かし器のように、すぐにかっとなってしまうようでは、柔軟な思考で、感情を選択することはできません。

そんなときは、一呼吸置いてみてください。そして、前項で述べた「事実↓思考↓感情」というパターンを今一度、思い出してください。事実そのものは変えられなくとも、その意味を肯定的に捉え直すことは可能です。

事実・出来事を多面的に解釈する

また、住民からクレームを言われたとしても、本当に理不尽な人間性を疑うような例は別として、その言い分を「あの人はそもそも役所や公務員のことが嫌いで、難癖をつけているに違いない」とも考えられますが、他方では「役所の改善のために、わざわざ足を運んでまで、意見を述べてくれている」と考えることもできます。

一瞬、前者の思い込みがよぎったとしても、別の考え方ができないか、多面的に解釈してみましょう。そもそも他人の本当の気持ちなどわからないからこそ、複数の可能性を探ってみるのです。

複数の可能性を検討したら、多少の勘違いはあるにせよ、自分にとって得になる感情を選択してしまうことです。つまり、自分の都合の良いように解釈してしまうのです。**良い方にも悪い方にも解釈できるなら、自分にとってプラスになる感情と行動が生まれるようにしてしまいましょう。**

「あの住民はすごい剣幕だったけど、役所のことを思えばこそ、きつい言い方になってしまったんだ」と、前向きな感情を選択してしまったほうが、その後も怒りの感情を抱き続けるよりも、ずっと気持ちよく仕事ができるはずです。

POINT!

- **イヤなことが頭をよぎったときは、一度立ち止まってみる。**
- **複数の可能性を挙げて、プラスになるものを選ぶ。**

4 どんな部署にも成長できるチャンスはある

悲喜こもごもの人事異動

今日は来年度の人事異動の内示。

異動対象者は、キツい部署と言われる福祉事務所から出られるとあってか、皆いろいろと期待していたようです。Aさんは希望通りだったのか、人事課に異動することになり、喜んでいました。一方、B主査は市民課へ行くことに。「正直もう、住民対応はこりごりです」と嘆いていました。

このように毎年、役所では異動にまつわる悲喜こもごもといった光景が見られます。

人事異動は、職員にとっては大きな関心事の一つです。自分が異動対象者であれば当然のこと、そうでなくても何となくソワソワするものです。

とりわけ、若手職員は、次の異動先に期待しています。ある程度、役所のこともわかり、同期などを通じて「広報課は面白そう」「教育委員会は残業が多い」など、さまざまな情報を得ます。しかし現実には、人事担当セクションは、まさに「ひとごと」として異動表を作成します。毎年、大勢の人間を異動させるため、一人ひとりの希望や事情を深く考慮して、全員の希望通りにすることは困難なのです。

夢を膨らませて希望先を上司に伝えても、蓋を開けてみると、全く希望していなかった部署への内示という経験がある人も多いのではないでしょうか。

不本意な異動によって一気にモチベーションが下がってしまい、ひどい場合には塞ぎ込んでしまうようなケースも実際にあるようです。

過度に期待するのはやめよう

異動に対して過度な期待は持たないことをおススメします。なぜなら、私自身が役所に約三〇年以上在籍し、合計で一三か所の部署を経験したものの、異動希望（三か所まで希望できます）が通ったことは一度もないからです。

当初はそれなりに夢を抱いて異動希望を書いていましたが、いつしか期待しないようになりました。決して投げやりということではありません。むしろ、**多少の不満があっても、「内示された部署で頑張ろう」と考えたほうが得**だとわかったからです。

そもそも、意に沿わない異動先であっても、泣いても叫んでもポストが変わることはありません。それならば、気持ちを切り替えて、どんな部署にも成長できる機会があると考えて努力したほうが、公務員人生は豊かになります。

また、職場は単に業務内容だけでなく、そこでの人間関係も重要な要素です。「仕事はたいへんだったけど、周囲がいい人たちでよかった」「希望が叶ったけど、直属の上司がひどい人間で、後悔している」などといった声も、よく聞こえてきます。

人事異動は淡々と受け入れ、異動先を楽しみ、「何か一つでも将来に役立つ経験をしよう」と考えたほうが、愚痴を言っているよりもずっとプラスになるのです。

POINT!

- **どんな部署にも、何か一つは得るものがある。**
- **過度な期待はやめて、淡々と受け入れよう。**

5 「完璧主義」は捨て、「最善主義」で取り組む

すべてを完璧にこなすことはできない

公務員には、完璧主義者が多いようです。そして、真面目すぎるがゆえに、ストレスを溜め込んでしまう人が多いのも事実です。

以前、ある内部管理部門では、非常に緻密に資料を作成することが求められ、ちょっとしたミスにも気を遣う部署であったために、何となく人の揚げ足取りをすることが日常になってしまいました。その結果、精神的に参った人もいたようです。

また、私の身近にも、希望して福祉部門に異動してきたものの、理想と現実とのギャップに悩んでしまい、結果的に短い期間でまた異動になった職員がいました。

真面目な人ほど「これを完璧にこなさなければならない」「やり抜かなければならない」と自らハードルを高めてしまい、自分にプレッシャーをかけてしまいます。

私自身、以前は少し完璧主義なところもありました。しかし、現実には、それを追い求めることはできません。期限がある仕事をこなしていくためには、完璧を追い求めることは、効率の面からもマイナスです。

経験を重ねていく中で辿り着いたのが、「最善主義」です。つまり、完全ではないかもしれないけれど、**現実的に自分の能力、時間、周囲の状況などを勘案し、その中で最善を尽くす**ということ。それで十分だということに気づいたのです。そこで、二つのことを意識するようにしました。

ベストを尽くせれば、それでいい

一つは、少しでも前に進めばOK、ということです。

完璧主義の場合、課題に対して「完全にできた」か「できなかった」の二択で考えてしまいます。しかし、それを**「今日はここまでできた」と考えてみてください。**つまり、達成困難な目標に対して完璧をめざすのではなく、「一歩でも前進していればよし」でもかまわないのです。

もう一つは、自分基準で考えることです。

完璧主義の人は、相手のニーズにどれだけ応えられるか、つまり他者が主体になっていることが多いように思います。例えば、課長に何かを頼まれると、課長が納得してくれるまで頑張ってしまうのです。

しかし、最善主義では、自分なりの方法や、時間などを加味したうえで、できるかぎりのものを作成します。あくまでも主体は自分にありますので、たとえ課長のニーズは満たせなくても、落ち込むことはありません。**「やるだけのことはやった」と自分を納得させてしまう**のです。

もちろん、安易に妥協するのは問題ですが、もともと完璧主義だった人であれば、最善を尽くしたと言えるだけの自負は持っているはずです。

POINT!

- **完璧を求めて自分の首を絞めるのは不健全。**
- **自分基準でベストを尽くせば、それでOK。**

6 効率よく仕事して、堂々と休む

上手に休養をとっていますか？

日本人は「働きすぎ」だとよく言われます。

有給休暇の取得も、先進諸国に比べて少ないです。しかし、「長時間働くのは当たり前」「多少のことで会社を休むなんて」と言われ、休まないことが美徳とされたのは昔の話です。

最も大切なことは、**「休暇を取得することを恥ずかしがらない」**ということです。

実際に、若い頃に席を並べた、オンオフのメリハリがしっかりしている主査は、たとえ残業が慢性化しているような部署でも休暇をとっていました。普段も「俺は基本的に残業しない主義だから」と言って、ほとんど定時には帰っていきます。てきぱきと仕事して、時折休暇もきちんと取得する彼を見て、「自分とは頭の構造が違うのだろうか」と思ったものです。

一方、「忙しい」が口癖だったり、時間をムダにしていたり、机の上に書類が山積していたりする人ほど、うまく仕事をさばけていないことがあります。「今年も夏休みが取れなかった」とか、「五年前から有給休暇を取得したことがない」などと胸を張る人がかつていましたが、今でも自分が忙しいことを誇る人は結構います。

忙しい時期に周囲を顧みずに休みをとるのは考え物ですが、余裕がある時期や、大きな仕事を乗り切ったときには、休暇をとってリフレッシュすべきでしょう。

身体を休めるだけでなく、「アイデアが浮かぶのはお風呂に入ったとき」とも言われるように、ふとした瞬間に考えが浮かんだり、職場外の人と会うことで新たなヒントをもらったりすることもあります。**休養は、価値ある仕事をするためにも不可欠**なのです。

休養とともに、自分に栄養を与えることも大切です。映画やスポーツの試合を観て思いっきり感動したり、コンサートに行って好きな音楽に耳を傾けたりといった、心の栄養も適切に摂取してください。

メリハリをつけて仕事に取り組む

そもそも、何が休養にあたるかは人によって異なります。子どもと遊ぶことがストレス解消になる場合もあれば、反対にストレスを溜めることになる場合もあります。

また、休養にもレベルがあり、長期の仕事でかなりのストレスが溜まったら、思い切って旅行に行くなど、長期のリハビリが必要な場合もあります。日常的な一日単位のちょっとした疲れであれば、通勤途中に音楽を聴くことなども、休養になります。**自分の中のストレスや、身体のダメージの度合いによって対応する**ことが必要です。

忙しい時期には、一所懸命に働いて当然ですが、余裕がある時期はしっかり休む。メリハリをつけて、仕事の成果を上げましょう。

POINT!

- **価値のある仕事をするためには、休養は不可欠。**
- **仕事をこなしたうえで取得する休暇に気後れする必要はない。**

Column 6

仕事ができる人

『ビジネス版　悪魔の辞典』（日経ビジネス人文庫）という本に、次のような文章があります。

【有能な社員】上司の指示のどれを受け入れ、どれを聞き流すかの判断ができる人

【無能な社員】上司の指示をすべて受け入れる人

いかがでしょうか。結構、納得される人も多いのではないでしょうか。公務員には、非常に真面目な人が多いと思います。そのためか、自動車のハンドルではありませんが、遊びがなく、指示されたことすべてを真に受けて、応えようとします。しかし結果として、自分で自分の首を絞めてしまい、忙しい状況を自ら作ってしまいます。

新人職員では難しいかもしれませんが、経験を重ねれば、力をいれるべき場面、多少抜いてもよい場面がわかってきます。その抜きどころを把握している職員は、忙しい職場なのにうまく長期間の有給休暇を取得して、毎年海外旅行に行っているなんてこともあります。

また、上司の癖をつかむことも大事かもしれません。せっかち、短気で、いろいろと指示するような上司でも、時間が経過すれば、コロッと忘れてしまう人もいます。そのようなタイプであれば、いったん指示を受けても、「この指示は、結局はいらなくなるだろう」と判断して、受け流してしまうのも技術の１つかもしれません。

しかし、一歩間違えれば、「おい！　前に指示した、あの書類はいつできるんだ！」と雷が落ちるかもしれませんが……。

STEP 7

役所という組織とうまく付き合う方法

1 役所の論理・人間関係に染まらない

安全性よりも議員の意向？

使命感に燃えて役所に入ってきたものの、いつの間にか住民よりも「役所の論理」を優先するようになってしまうことがあります。私も入庁して何年目かに、このことを感じた出来事がありました。

市内の橋梁の改修工事を実施するため、課内で選定の打ち合わせを行っていたときのことです。すべて一度に実施することは不可能なため、優先順位をつけて決める必要があります。

候補の一つは、規模が大きく多額の予算が必要だったものの、安全性にも若干問題が出ているので、早期の対応が必要だと考えていました。しかし、課長から「そこの橋は来年に先送りだ。それよりも、A議員から要望のあった橋を優先しろ」の鶴の一声が……。「何かがおかしい」と強く感じた瞬間を覚えています。

役所の人間関係に依存しない

役所は、住民の福祉の向上を目的とする組織です。しかし、この出来事のように、組織の目的が忘れられたり、縦割り主義といった組織の弊害が存在することも事実です。では、役所という組織と、職員はどのように付き合うべきなのでしょうか。

まず、職員の根本にあるものとして、組織の目的、住民のために働いているのだという意識を忘れないことです。**「これは果たして住民に役立つのか」「住民目線でおかしくないか」といった意識を常に持つこと。**役所の都合や論理を優先させたりすることのないよう、原点を肝に銘じておくことです。

そのためには、役所の人間関係に対しては「和して同ぜず」という気持ちで向き合う必要があります。「和して同ぜず」とは、人と協調はしつつも、決して無闇に同調しないということを意味します。例えば、**「○○課長がそう言うなら、それでいいか」**な

ど、無責任に賛成してしまっては、公共性・公益性が忘れ去られてしまいます。

また、役所に依存しすぎることは危険です。これは、いつ役所が破綻しても生きていけるように、経済的自立を考えるということではありません。

例えば休日も自宅にいることができず、仕事もないのに出勤したり、アフターファイブも休日も役所の人間といつも一緒にいたり、退職後の人生設計が描けなかったり。役所という組織に依存した生き方になってしまうことは、問題があります。

公務員は、住民福祉向上のための組織である役所の構成員の一人に過ぎません。独立した一個人としての考え方、生き方を意識してください。

POINT!

- 「役所の論理」に染まった考えで仕事をしない。
- 住民目線を忘れずに、人間関係には「和して同ぜず」の意識で。

2 どんな部署でも使える知識を身につける

自治体職員に不可欠な三分野

異動が多い役所の仕事では、特定の部署に限って必要な知識や事務ももちろんありますが、どこの部署であれ、職員として覚えておくべきものが三つあります。

一つめは、**「文書・法令事務」**です。条例、規則、要綱、要領など文書の分類はもちろんのこと、起案や意思決定の方法なども、いったん覚えておけばどこに行っても使える知識です。

また、各自治体には例規集など、条例等をおさめた冊子があります。主任であればある程度理解していると思いますが、日頃からめくるように習慣づけておくと、今後係長に昇任した時にも役立ちます。

二つめは、**「予算・会計」**です。

配当された当該年度の執行予定、前年度の決算状況、監査対応、翌年度の予算要求、年度途中の流用など、いろいろな事務があります。役所のお金の動きは、企業会計とは異なる独特の制度の上に成り立っているため、早めに理解しておくとよいでしょう。

三つめは、**「人事・給与」**に関する知識です。

昇任制度、勤務時間、給与、研修などは、役職にかかわらず必須です。具体的には、何歳で管理職試験を受けられるのか、子どもが生まれたら育児休暇はどれくらい取得できるのか、またそのときの給与はどうなるのか、なども含まれます。

これらについては、自らのキャリアデザインと結びつけて考える必要があります。また、人事制度を理解しておくと、今度は誰が異動対象になるかといった人の動きを読むこともできるようになるでしょう。

いずれ役立つ議会関係の基礎知識

いずれ係長に昇任した時に必要となるのは、議会に関する知識です。

まだ主任の場合には、直接関わることがないと考えている人もいるかもしれません。しかし、定例会や臨時会、予算委員会などのスケジュールは仕事に影響を及ぼします。その他にも、条例改正を行う場合には、本会議での議決日などが関係します。また、通年議会の導入といった他自治体の動きも注視しておく必要があります。

人によっては、主任にも関わらず議会答弁を書かされる人もいるでしょう。日頃、議員と直接対応することもない主任にとっては、とてもハードルが高く感じるかもしれません。しかし、こうした経験はとても有益です。

新たな視点を持てる大きなチャンスと考えて、ぜひ積極的に取り組んでください。若い頃から議会の意義、重要性を理解しておくことは、必ず将来に役立ちます。

POINT!

● 総合力を養うために、自分の中の引き出しを多くする。

● 今すぐ必要ではなくても、必ず役立つときがくる。

3 経験のない仕事は、シンプルに考える

まずは「最低限やるべき作業」に集中する

かつて、全く経験したことのない、会計部門に異動になったことがありました。それまでは、契約方法や支出負担行為、支出行為、実際の現金化などは全く関係のない業務でした。しかし、会計には独特のルールがあり、周囲の人が話している内容もよくわからず、とても戸惑い、不安を感じたことがあります。

以前に少しでも予算などを経験していれば、会計についても何となく理解できると思いますが、本当に訳がわからず、焦りは募る一方です。

しかし、ふとしたときに気づきました。「あれもある、これもある」と抱え込んで

は、自分で自分を追い詰めていってしまうだけ。こうした場合は、問題を大きく考えて抱え込まずに、なるべくシンプルに考えてみようと思ったのです。

例えば、会計の分野全体をすぐに理解することはできないかもしれませんが、当面、自分が担当するのは、その一部分のはずです。まずは、**「自分が担当となった業務を処理するにはどうしたらよいか」と割り切ってみます。**そうすると、自分に与えられた仕事は、「この書類と、添付している請求書の金額があっているかを確認する。次に、その内容を入力する」といった、特定の書類を処理するだけの作業だということに単純化できてしまうかもしれません。**その背景にある根拠法令などは、いずれはきちんと理解する必要がありますが、ひとまず考えなくてもよい**と気づいたのです。

つまり、いったん物事を単純化して、「結局、自分は何をすればよいのか」「与えられた仕事を仕上げるためには、何をすべきか」と考えることにしたのです。

少しずつ視野を広げてみよう

このように、仕事を単純化し、与えられた仕事をクリアしていく段階を経て、日々の業務に問題がなければ、今度は次第に視点を広げていきます。

「隣の職員はどんな仕事を分担しているのか」「自分の担当する仕事は全体の中でどんな位置づけになるのか」など、少しずつ大きな視点で物事を見ていく。すると、次第に視野が広がり、業務全体を把握することができるようになっていきます。

余談になりますが、役所の管理職の中には、異動翌日から、まるでずっと以前からその部署の長だったような顔をして、椅子に座っている人がいます。なぜなら、一般職員とは異なり、**管理職に求められるのは、細かい業務知識ではなく、大局的に判断する力**です。ですから、たとえ全く経験のない部署であろうと、管理職として自信があるからこそ、堂々としていられるのでしょう。

経験豊富で優秀な管理職ほど、新しい職場に溶け込むのが早いものです。中堅職員である主任の場合、異動直後は苦労することもあるかもしれませんが、未知の仕事を必要以上に恐れる必要はありません。少しずつ、一歩一歩経験を積んでいきましょう。

POINT!

- **まずは焦らず、物事を単純化して考え、できることから手をつける。**
- **最低限のことをやったうえで、全体像を見渡してみる。**

4 浅く広い経験を積み上げて、信頼を得る

専門職がうらやましい？

民間企業や住民の方から、よく言われる言葉の一つに「公務員の仕事は本当に幅広いのに、よく対応できますね。昨日まで教育委員会の仕事をしていた人が、今日からはケースワーカー、なんてことがありますもんね」といったものがあります。

自治体職員は誰でも、異動して着任したその日から、新たな部署の一員として業務についていますが、公務員以外の方から見ると、少々奇異に感じるようです。

一方で、後輩から「時々、専門職の人がうらやましくなる」と言われたこともあります。なぜなら、専門職の人はどこに異動しても、基本的には同じ仕事だからです。

しかし、事務職の職員は、異動のたびに新たに必要となる知識も多いため、異動の時期が近づくと、「早くここから出たい」と思う反面、「また新しいことをいろいろと覚えるのは面倒」「事務職でも何かの得意分野を持ちたい」という気持ちが入り交じった、複雑な心境に苛まれるというのです。

確かに、専門職とは異なり、事務職の場合には、福祉・土木・教育・まちづくりなどの各種事業課はもちろんのこと、総務・人事・企画・財政などの内部管理部門の部署も多くあります。そのため、新しい部署では、独自の専門的な知識や経験が求められるということもあるのです。

ゼネラリストである事務職に必要なもの

新しい知識の習得の大変さはわかります。そこで、私が後輩に伝えたのは、**「現実には、すべての部署で完璧な知識と経験を得て、スペシャリストになろうとするのは困難だし、その必要はない」**ということでした。概ね三年程度でまた次の部署に異動するのですから、本当にスペシャリストになろうと思っても難しいのです。

また、逆の視点から言えば、たとえ苦手と思う分野であっても、その程度の年数でまた異動になります。ですから、「自分はどうもこの仕事は向いていないな」と感じても、次には自分を活かせる部署に配属される可能性もあります。在籍期間をうまく乗り切って、得られるものは吸収していく割り切りも、長い公務員人生では必要です。

何より、ゼネラリストたる事務職にとって重要なのは、専門知識ではありません。**複数の部署を経験したうえで、地域全体のことを考えて決断・判断する能力**です。

もちろん、事務職であっても、中にはスペシャリストになっていく人もいます。地方税徴収の現場経験が長く、まさにプロ徴税吏員と呼ばれる人や、「法制執務のことならこの人に聞け！」と呼ばれる生き字引のような人もいます。しかし、彼らも事務職として広い経験を積んだうえで、自分を最も活かせる場所をみつけ、役所の側もその認識を共にした結果にすぎません。まずは、ゼネラリストとして必要な知識や経験を少しずつ積んでいくことが、公務員として生きて行くうえで欠かせないのです。

POINT!

- **浅く広い経験が、いつしかゼネラリストとしての武器になる。**
- **幅広い分野の知識をもとに、総合的な力を身につけることを意識する。**

5 自分を活かし、伸ばすチャンスを逃さない

公務員のキャリアデザイン

入庁して数年が経ち、主任になると、誰でも将来のことを考えるようになります。上司からも「これは君にしかできない仕事だから、頼む！」などと言われると、非常にやりがいを感じます。しかし、一方で、もっと個性や能力を活かしていくにはどうすればよいか、自分のキャリアデザインを考え始める時期です。

私は、自己実現という観点から考えると、公務員はとても適した職業だと考えています。

まず、公務員の仕事は非常に幅広く、自分の得意分野をみつけやすい環境が用意さ

れています。地方自治体ともなれば、まさに**「ゆりかごから墓場まで」と言われるように、さまざまな仕事に関わる分、自分の得意分野と出会うチャンスも多い**のです。

自分を活かせる分野をみつけ、自己実現を図っている職員はたくさんいます。

例えば、ある仕事を通じて得た経験と知恵を活かして論文を書き、専門誌に投稿してみたり、研修講師をやってみたり。また、公会計の経験から関心が高まり、簿記や会計士の資格を取得する人もいます。

さらに、単に日々の業務にとらわれず、得意な語学を活かして他の窓口のお手伝いをしてあげたり、PCの使い方を周囲の職員に教えたりと、自分が活躍できる場を広げるチャンスはたくさんあるのです。

仕事を通じて知る社会の仕組み

また、公務員の仕事は、自分を成長させてくれます。教育、福祉、防災、税金など、私たちが生きるために必要な社会の仕組みを、仕事から学ぶことができるのです。

どんな分野でも、異動で新しい部署に行くと、初めて「ああ、これはこうなっていたんだ」という新しい発見が必ずあるものです。そうして自分の知見が広がることは、楽しく、かつ成長を実感できる仕事だといえるでしょう。

どんな仕事も必ず誰かの役に立つ

民間企業の場合は、利益の追求が至上命題であるため、どうしてもその行動がいかに利益に結びつくのかが規範になります。しかし、公務員に必要なのは、公益であり、端的にいえば**「みんなが幸せになるには、どうしたらよいか」という視点**です。

役所の施策に対して、住民の一部から強い反対行動が起きた場合でも、「住民全体の福祉の向上のためには、○○をしなければならない」という強い信念があることは、仕事における重要なモチベーションになります。ツラい仕事に耐えられるとともに、仕事で自己実現を図る重要な拠り所にもなるのです。

POINT!

- **自分を活かせるチャンスは、たくさんある。**
- **焦らず経験を重ねるなかで、自分の「強み」を探す。**

Column 7

組織のありがたさ

「いかに組織と付き合うか」というと、いかにも個人 vs 組織のようで、対立関係と感じるかもしれませんが、組織のありがたさというのも確かにあります。

困難な職場でも周囲の人間関係がよいので救われた、という話はよく聞きますが、それだけではありません。例えば、思わぬ病気や怪我などで長期の入院になった場合などでも、基本的には経済的な補償がされますし、業務も他の職員がサポートしてくれるものです。

ある職員が急病になったため、年度の途中にその後任として異動したことがあります。そのときは、比較的時間に余裕のある職場から、忙しい職場に移ったために、「なんだかなあ……」とこぼしていました。しかし、その２か月後には自分が入院するはめになりました。結果的に数日の入院で済んだのですが、忙しい職場でしたから、周囲の職員に申し訳なかったと感じました。これも巡り合わせでしょうか。

また、クレーム対応などもそうです。例えば、自分のミスで住民を怒らせてしまったようなときでも、係長や課長がフォローしてくれて助かったという経験も一度や二度ではありません。

また、よく一市民が役所や会社を相手に裁判を起こすことがあります。これも個人 vs 組織だと、組織のほうがいろいろな面で底力を発揮します。法務部門、訴訟担当などのスタッフ、顧問契約をしている弁護士が対応しますので、その威力は絶大です（勝敗はわかりませんが）。

フリーライターの方が書いた本を読むと、「病気になったら、明日から収入が断たれる」という恐怖と、いつも背中合わせだそうです。組織のことで悩めるというのも、案外幸せなのかもしれません。

本書は『残業ゼロで結果を出す　公務員の仕事のルール』（二〇一三年）に加筆・再編集し、改題して出版したものです。

著者

秋田 将人（あきたまさと・筆名）

著作家。30年以上、自治体に勤務し、定年前に管理職として退職。在職中は、福祉・教育・防災などの現場から、人事・財政・議会などの官房系まで幅広く勤務。退職後は、書籍執筆、研修講師などを通じて、全国の公務員や自治体を応援する活動を行っている。また、別名義でライターを行うなど、活動の場も広げている。著書に『見やすい！　伝わる！　公務員の文書・資料のつくり方』『これでうまくいく！　自治体の住民説明会の進め方』『そのまま使える！公務員の文書・資料サンプルBOOK』『公務員のための問題解決フレームワーク』（いずれも学陽書房）、『お役所仕事が最強の仕事術である』（星海社新書）などがある。

自信を持って仕事を回せる！

公務員の「主任」の教科書

2024年11月20日　初版発行

著　者　秋田《あきた》　将人《まさと》
発行者　佐久間重嘉
発行所　学 陽 書 房
〒102-0072　東京都千代田区飯田橋1-9-3
営業部／電話　03-3261-1111　FAX　03-5211-3300
編集部／電話　03-3261-1112　FAX　03-5211-3301
https://www.gakuyo.co.jp/

装丁／吉田香織（CAO）
本文デザイン／Malpu Design
DTP制作／ニシ工芸
印刷・製本／三省堂印刷

ISBN 978-4-313-15154-3 C0034